飯より政治が好き

－政治は国民のもの－

衆議院議員
小島　敏文

第4次安倍政権の第2次改造内閣　厚生労働大臣政務官拝命
（令和元年〔2019年〕9月）

まえがき

私は大学生のころから書生・秘書そして広島県議会議員を7期、その間県議会副議長をさせていただきました。その後国会議員として国政へ送っていただき令和元年（２０１９年）９月13日から令和２年（２０２０年）９月16日の第４次安倍内閣で厚生労働大臣政務官を拝命いたしました。地方と国の政治に長年身を置いてきました。

先日選挙区のある後援者の方から「小島敏文さんの顔やポスターは良く知っているし見ているが、今まで何をして来たかよう知らん。何か書いてみてはどうか」との話をいただき急遽このような本を出版するはこびとなりました。

私の歩んで来た道を駆け足でたどってみて「政治とは何か」と私自身も考えてみました。

日本が高度成長期に向かうと同じように私も青年期を迎えました。国民みんなが明日に希望の持てる時代だったと思います。その後バブルをくり返し、成長を続け、平成元年（１９８９年）には日経平均が一時３万８０００円台となったこともあります。当時「アメリカが４つ買える」と言われたほど、地価も上がり続けました。しかし、平成３年（１９９１年）、経済の変化・節目を迎えバブル崩壊が起こったのです。以来「失われた20年」と言われた時代に入りました。労働市場は大きく変化し、住宅投資が減少し、人々の収入も減少し、企業は利益を貯蓄に回すようになり、平成20年（２００８年）９月に発生したリーマン・ショック（世界的に起こった金融危機）により一旦回復しかかった経済は再び足踏み状態となりました。

まったくこの間は閉塞感漂う20年であったと思います。

民主党政権が誕生したものの、何も決められないまま再び自民党公明党連立政権に戻りました。安倍政権の大胆な金融政策に加え、機動的な財政出動、新たな事業の創出と地方創生など思い切った政策転換により見事に経済は回復しました。

しかし、思いもかけぬ新型コロナウイルス発生により、新たな困難が立ちはだかりました。ワクチンを一日も早く全国民・世界の人々に接種することが至上命題となりました。

政治に無関心であっても無関係ではいられない。

今日まで政治に関係して歩んできましたが、政治の大切さ、必要性を今まさにかみしめています。

令和3年7月吉日

小島敏文

第4次安倍第2次改造内閣厚生労働大臣政務官就任挨拶
日時：令和元年9月13日
場所：厚生労働省会見場

目次

第2章　政治との出会い……
大学生書生から秘書・県議会議員へ

第3章　地方自治・県議会議員としての仕事

第4章　衆議院議員として国政へ

第5章　安心・安全とロマンある広島6区

第6章　広島6区、各市町の特徴

上手な医療のかかり方アワード
厚生労働省が、上手な医療のかかり方への貢献に資する優れた啓発活動・取組を表彰するアワード
日時：2020 年 3 月 2 日(月)
場所：厚生労働省会議室

ブラザー工業株式会社（健康管理センター、産業医を中心とした体制構築）、ダスキン健康保険組合、全国土木建築国民健康保険組合、飯塚病院、横須賀市立うわまち病院、株式会社タニタハウジングウェア、日本航空株式会社、たかはま地域医療サポーターの会、NPO法人　VPDを知って、子どもを守ろうの会、宮崎県延岡市、県民みんなで支える岩手の地域医療推進会議、パナソニック健康保険組合、練馬区医療環境整備課が受賞しました。

参議院　委員会にて答弁

中央社会保険医療協議会（厚生労働省）

厚生労働委員会にて答弁

第1章　地元で育てられて……

生まれて～世羅高等学校

生まれたのはごく普通の家庭

広島に原爆が投下され、第二次世界大戦が終わって5年後の昭和25年（1950年）9月7日に、私は、広島県世羅町（旧甲山町《こうざんちょう》）に生まれました。昭和25年は、朝鮮戦争が勃発し、GHQ最高司令官マッカーサーが警察予備隊の早急な創設を日本政府に要求した年です。また、朝鮮戦争の特需は戦後の高度経済成長の礎とも言われ、日本と広島経済を急激に良くしました。

このような年に、旧甲山町役場に勤務の父・小島敏之、農業を営む母・トミヱ、姉と私の、ごく普通の家庭に育ちました。

几帳面な父と、働き者の母で、私は三才から近くのお寺（善行寺）が経営する保育園へ通いました。当時、かわいがっていた子猫を近くの悪ガキに殺されてしまい、それ以来、子猫がかわいそうで猫を飼ったことはないという記憶があります。

母に泣かれた小学校時代

小学校3年生の時、小さな小学校から統合により大きな小学校に転校しました。以来、転校生によくあるいじめに遭いました。私は負けず嫌いなので、毎日毎日ケンカばかりしていました。

あるとき、母が参観日の日に泣いて帰ってきました。担任の石光先生が「小島君はどうしてケンカばかりするのか」と尋ねられたと聞きました。私は即座に「お母さん心配するな。将来大人になったら必ず頑張るから」と言って母を慰めたことを覚えています。

小学校5年生の時、政治家を志す

小学校3、4年生のころ白黒テレビが家に来ました。映るチャンネルは3局（NHK総合・NHK教育・民放1）のみです。ラジオの時代から毎日朝夜7時のニュース・ニュース解説ばかり、テレビが入っても朝のニュース・スタジオ102・夜のニュース・夜のニュース解説・週1回のお笑い番組〈てなもんや三度笠〉〈あたり前田のクラッカー〉を高校3年まで観て成長しました。

ある日、テレビニュースを見ている時に、ある政治家が多くのカメラフラッシュを浴びながら歩いて来る姿を見て、子供ながらに「かっこいい」と思いました。その時の政治家は、所得倍増計画を打ち出した竹原市出身の池田勇人首相ではなかったかと思います。池田勇人首相の考えを受け継いだ宮澤喜一先生の秘書になったのは何かの縁なのかもしれません。

こんなこともありました。小学校5年生の時、授業で先生に将来の希望を尋ねられました。心の中では、「政治家になりたい」と思っていましたが、口に出せず、「教師になりたい」と答えたことが忘れられません。当時は「政治家になりたい」とは、恥ずかしくて口に出せませんでした。今から思うと小さいころからニュースばかり聞いたり見たりしていたことが政治に関心を持った原点かもしれません。

池田 勇人（いけだ はやと）

1899年（明治32年）12月3日–1965年（昭和40年）8月13日

広島県豊田郡吉名村（現：広島県竹原市）出身

大蔵大臣、通商産業大臣、自由党政調会長、幹事長、内閣総理大臣などを歴任。

小学校にプールが欲しい

小学校5年生の時、学校にプールが欲しいという話がもちあがりました。田舎の山間地域にプールがある学校など全国に1校もなかった時代です。建設資金を集めるため、児童会・保護者会・先生方全員で地区全域を回り廃品回収に取り組みました。このことをNHKが取り上げ、テレビカメラを持って取材に来ることになりました。学校側も大いにはりきり、生徒に作文を書かせました。私は将来このような山の中の学校から水泳競技のオリンピック選手が出るようになればいいというようなことを書きました。幸い私の書いた作文が認められ、全校を代表してテレビカメラの前で作文を読むことになりました。テレビ放映の日は珍しさもあったのでしょう。私の家には大勢の近所の人が集まり、テレビの前に陣取り、今か今かと大変にぎやかなことでした。その後、行政も予算を付け、私が小学校卒業後に見事に完成しました。

高校生活への疑問

高校3年の9月、始業式の日に担任の西原先生に「全校生の前で私は学校に言いたいことがありますから、時間をいただきたい」と申し出ました。許可され始業式の最後に全校生徒の前でこのようなことを言いました。

「この学校はおかしい。なぜなら世羅高に入学して3年間、毎週1回あるホームルームの時間はすべて自習。高校生活で学業も大切だが青春の多感な感情をお互い出し合い、人生の悩みとか、疑問を出し話し合うのも大切な勉強ではないのか。他人を見れば敵と思えのような教育はよくないのではないか」

この発言に対しだれも反論はなかったのです。

多感な時期を世羅高校で過ごせたことが、今の自分に役立っています。

母校である世羅高校は、公立高校ながら年末に京都で開催される全国高等学校駅伝競走大会で毎年、優勝候補として全国トップクラスを走っています。必死にタスキをつなぐ後輩の姿を見て、大きな感動と勇気をもらっています。

頑張っている後輩たちに、良い環境を残してあげて、これからも活躍できる有益なタスキを渡すのが私たちの使命だと思います。

写真提供：橋本写真館

広島県立世羅高等学校

「文武不岐（ぶんぶふき）」＝学問と武道とは一体となっている、勉強（文）と部活動（武）はわかれず（不岐）相乗効果もあるということを校訓としている。

駅伝競走では、全国高校駅伝大会で10回の最多優勝回数を誇り、2015年と2020年には、男女共に優勝している。

母校・世羅高校での悲しい出来事

平成11年（１９９９年）２月28日、広島県立世羅高校の石川敏治校長先生が卒業式の前日に自殺されたのです。当時広島県の教育環境は、県教職員組合、部落解放同盟が大きな力をもち異常な状況下にありました。

文部省は広島県と福山市に対して平成10年5月20日「是正指導」を出し、そして12月17日に広島県教育委員会は、県立学校長に「卒業式及び入学式などにおける日の丸掲揚・君が代斉唱が学習指導要綱に基づき適正に実施されるよう」通達を出しました。

このような中、石川校長先生の自殺は大事件であり全国放送でも報道され、世羅高校は大混乱に陥りました。当時私は同窓会長を務めておりました。全国の同窓会員から今後世羅高校はどうなるのか、どう立て直すのかなど多くの手紙や意見が寄せられました。

世羅高校校長自殺　苦しい立場 追い詰められ

「先生いない式 残念…」 校内に衝撃

「国歌・国旗」姿勢変えず

実情把握、不十分と認める

県教育長緊急会見

「最悪の事態に」

教育関係者ら県教委へ批判も

中国新聞　1999年3月1日夕刊

国旗国歌法

平成5年（1993年）7月、第40回衆議院議員選挙が執行されました。まさに、衆議院議員選挙に小選挙区選出制度を導入するのが政治改革だといった風潮をマスコミが作り上げていた頃でした。通常国会会期末に当時の社会党など野党から、私の政治の師の一人である宮澤喜一内閣の不信任案が提出され、自民党の足元からも小沢一郎さん、羽田孜さん、二階俊博さんなど旧竹下派の大半が造反し、その内閣不信任案は可決されてしまったのです。宮澤内閣は憲法第69条の規定により衆議院を解散したので総選挙に突入しました。結果的に、それが最後の中選挙区制による総選挙となりました。

前年の参議院議員選挙で熊本県知事だった細川護熙さんやニュースキャスターだった小池百合子さん（現東京都知事）たちが日本新党から初当選し、新党ブームが沸き起こっている中で、選挙直前に新生党、新党さきがけなどの新しい政党が雨後の筍のように次々登場し、結果的に自民党は1955年の結党後、初めて下野することになり、細川連立内閣が誕生しました。

しかし、その連立政権は自民党を離党した保守本流の方もいれば、自衛隊が違憲だと訴える土井たかこさんが党首の社会党や江田五月さんたちの社会民主連合などの革新政党も加わり、主義主張の全く異なる面々からなる政策理念のかけらもない内閣でした。当然、政権内で「日の丸」や「君が代」に対する考え方も全く異なりました。

日本では『通則』により、定着した慣習は法と同じ効力を有することが認められています。例えば「日本の言語は日本語だ」とか「日本の首都は東京だ」という法律も規則もありませんが、国民全てがその事実を疑っていません。私の子供の頃、学校は「土曜日は午前のみ（半ドン）、日曜日は休み」でした。日曜日が休みだという法律も条例もないのに休みだったのです。その後、昭和の終盤に、「週休二日制」が世界の趨勢となり、日本でも官公庁が土曜日には閉まるようになりました。しかし、土曜日が半ドンと誰もが思っているものの、休みだと考える人はいませんから、通称『土曜閉庁法』を制定して郵便局や市役所が土曜日には閉まるようになりました。常識であるものを明確にするのに法令制定は必要ありませんが、常識でないものを明確にするには法令制定が必要なのです。しかし曖昧なままの事案が幾つかあったのも事実でした。

当時、日本には「国旗とは何か」、「国歌とは何か」を定めた法律は存在しませんでした。公海を航行する日本の船舶は国旗を掲げなくてはならないなどの法文（船舶法）はあっても、その国旗とは何かを規定した条文がなかったのです。当時の文部省などは、定着した慣習として国旗は「日の丸」で、日本の国歌は「君が代」だと誰もが信じているからそうなのだと、それを根拠に公立学校での日の丸掲揚や君が代斉唱を推奨していました。しかし、それでは根拠に乏しく、教育現場では教育委員会・校長サイドと日教組に属する左派教員の間で常にトラブルが続いていました。

それは細川内閣の中でも同じでした。総理官邸での細川首相の会見場の後ろの日の丸をなくせという社会党大臣と、自民党出身で新党さきがけ党首だった保守系の武村官房長官たちのグループがしょっちゅう言い争っているニュースが流れました。

自民党の中に、「日本の国旗は日の丸で、国歌は君が代であることを法制化しよう」という動きが出てきました。そのときイニシアチブをとった中心人物が我が師の中山正暉《まさあき》先生でした。衆議院法制局と緻密な協議を重ね、あまり条文を増やすことなく、「国旗は日の丸とする」、「日本の国歌は君が代とする」という簡潔明瞭なエキスと施行日だけを記した法案をまとめ上げたのでした。

しかし、細川内閣は佐川急便事件で8ヵ月少々で退陣し、後を継いだ羽田孜内閣は僅か64日で不信任を受け、自民党、社会党、新党さきがけが連立して村山富市内閣（自社さ連立内閣）が成立したので、中山先生が草案された「国旗・国歌法案」はお蔵入りしてしまいました。

この法律は結局、平成11年2月28日の世羅高等学校校長先生の痛ましい出来事を機に再び機運が高まり、同年8月13日『国旗及び国歌に関する法律』

として公布、施行されました。この法律が、中山先生の法案の草案当時に成立していれば事態は大きく変わっていたと思います。全く無念でなりません。

全国の県立高校で初めて海外から留学生を招聘

同窓会役員の皆様と協議を重ねる中で、「この際、歴史と伝統のある駅伝を復活することから始めたらどうか」との意見があり、方向性が出てきました。

１９５０年の第1回大会から全国制覇4回を果たした実績があるにもかかわらず、しばらく、全国優勝から遠のいていました。

新任の田辺康嗣校長先生から意表を突く提案がありました。

「全国の県立高等学校で外国人留学生を受け入れている高校は一校もありません。この際県立世羅高校が第1号として受け入れてはどうでしょうか」

というものです。

私は少し驚きもありましたが、世羅高校の復興のために「よしやってみましょう」と、外国人留学生を受け入れるために田辺校長先生と共に東京のケニア共和国大使館に相談に行きました。ケニア大使館の1等書記官に面会し「貴国は農業のさかんな国ですね。私の母校は普通科、生産情報科、環境科学科、生活福祉学科もある総合高校です。可能なら世羅高校と貴国と農業分野で交流できませんか」と申し上げました。1等書記官は「すぐに我が国の文部省に伝えます」と即刻、対応していただきました。面談の後半で「留学生は、よく走る子が望ましいですね」と付け加えました。書記官は満面の笑顔で「OK、OK」とおっしゃいました。「大変話のわかる人だな」と印象に残った訪問でした。

以来、19年間、今も留学生の受け入れは続き、留学生の授業料や食費などの生活費は民間の寄付で賄われています。

ケニアからの留学生が入学したものの5年間は鳴かず飛ばずで陸上競技部

出身のOB・OGから純血を守れと言われ「これからの世界はグローバル社会へ向かって行くんですよ」とかわしたものの京都へ出場できない苦しさがありました。

一計を案じ、仙台育英高等学校を全国優勝に導いた私の母校、大東文化大学の先輩で名将と謳われた元監督・渡辺高夫先生を招き講演をしていただきました。渡辺監督は「世羅高は全国で何度も優勝しているが、今や化石だよ」。この言葉が世羅高の監督や選手に大変な刺激となり奮起することとなったのです。今では全国高校駅伝競走大会で、通算、男子は10回、女子は2回の優勝を達成し、今まさに県立世羅高等学校は「文武不岐」の教訓のもと、見事に復活を遂げたのです。

留学生は朝4時30分から朝練を始めます。日本の選手も影響を受け、共に練習に励んで力を付けてきました。外国選手の力を借りてまでと言う人もいましたが、今では教育的効果は充分にあったと認めていただくようになりました。

2020年（令和2年）12月20日（日曜日）　中國新聞

中國新聞

世羅 男女V

全国高校駅伝 5年ぶり快挙

号外

リードを守り切り、優勝のゴールテープを切る男子の塩出

区間賞の快走で逆転し、トップでゴールを駆け抜ける女子のムッソーニ（いずれも撮影・山崎亮）

男子 最多10度目 女子 2度目

師走の都大路を舞台にした全国高校駅伝は20日、京都市のたけびしスタジアム京都発着コースで開催され、世羅（広島）が5年ぶり2度目の男女同時優勝を飾った。第71回の男子（7区間42・195㌔）は2時間1分31秒で5年ぶりに制し、全国最多の優勝回数を10の大台に乗せた。広島勢男子の優勝は1959年の西条農、64年の報徳と合わせて12度目。第32回の女子（5区間21・0975㌔）は1時間7分13秒で5年ぶり2度目。

男子は1区の2年森下翔太が9位で発進し、2区の3年本貞将が5位に浮上。3区の2年コスマス・ムワンギがトップを奪うと、4区の3年新谷紘ノ介、5区の1年吉本真啓、6区の2年吉田悠良がリードを死守。アンカーの2年塩出翔太が歓喜のゴールテープを切った。

女子は1区の3年山際夏芽が1位と好発進。2区の3年加藤小雪、3区の2年細迫由野、4区の3年加藤美咲が堅実につなぎ、8位でスタートした5区の3年テレシア・ムッソーニが7人を抜いて、トップでゴールラインを駆け抜けた。

男子は今回が50回目の出場で、第1回大会（1950年）制覇から70年の節目でもあった。優勝は昭和4回、平成5回、令和1回で、全3時代で頂点に立った学校は初めて。

中国新聞社

中国新聞デジタル

中国新聞の購読と試し読み申し込み 0120-492-506

中国新聞　2020年12月20日

第2章　政治との出会い……
大学生書生から秘書・県議会議員へ

大学、学生運動、自由民主党学生部へ

高校を卒業して私は東京の大学に進むことになりました。そのころの大学は、全共闘や新左翼諸派の学生運動が全国的に盛んになっており、東大闘争、日大闘争をはじめ、全国の主要な国公立大学や私立大学ではバリケード封鎖が行われ、「ヘルメットとゲバルト棒（角棒など）」スタイルで武装し、投石や火炎瓶を使用して機動隊と戦った学生が多くいました。

私は政治に関心があったので、中核派・社青同・革マルなどいわゆる全学連の連中とも色々話をしてみたのです。しかし彼らの思想や考え方が私の中にストンと落ちず行動を共にしようとは思いませんでした。

大学2年の時村田克巳教授ゼミナールの募集があり受験しました。たまたまゼミに中曽始先輩が試験官でおられました。その時はじめて中曽先輩が世羅高の先輩でもあることを知った私は、一升瓶を手土産に先輩のアパートを訪ね、一晩中政治話をしました。話し合いの中で「多くの全学連の連中と話

をしましたが、私とは考え方が違い、とても行動を共にできない」と訴えました。すると先輩は一枚の名刺を出されました。見ると「自由民主党東京都連合会学生部中曽始」となっていました。私はすぐさま「ぜひこの会を紹介してほしい」とお願いしました。

翌日先輩と共に東京都連を訪れメンバーと話をしてみると、考え方が私とほとんどいっしょなのに驚き、その場で入会を申し出、許可されました。

以来、大学と学生部を行き来する生活となりました。時には都連の宣伝カーを持ち出し池袋、新宿、数寄屋橋などで街頭演説をくりひろげました。学生部の先輩で八木洋治先輩（現自民党東京都連合会事務総長）から街頭演説のやり方を徹底的に指導を受けたことは今も感謝しています。また、都知事選挙の時には都内の学生を約７００人集めポスティングなどの陣頭指揮をとったりもしました。

そうした中、お盆の帰省の時、世羅高を2年ぶりに訪れ恩師の西原先生にお目にかかりました。「今、自民党学生部で活動しています」と報告すると、西原先生は目を丸くされ、「てっきり小島は今ごろ東京でヘルメットをかぶり、角棒をふりまわしているだろうと思っていた」と、意外な様子で話されたことが思い出されます。

中山正暉《まさあき》先生との出会い

学生部の活動の中で自民党青年局長の衆議院議員中山正暉《まさあき》先生（大阪旧2区）を知り、中山先生の演説のうまさに惚れこみ中山先生の弟子にしてもらうことを申し出るも、あっさり断られました。幸い宮崎芳久秘書に「小島君、時間があればいつでも来いよ」と言っていただき私は厚かましくも足繁く中山事務所に出入りし、掃除、お茶入れ、電話番、新聞の切り抜きなど約1年半続けました。大学卒業の時、中山先生が「小島君、君はそんなに政治が好きなのか」と問われ「はい飯より好きです」と答えたことを覚えています。

中山先生から「よしそれなら俺と一緒にやろう」と言っていただき先生の秘書に採用していただきました。

中山 正暉（なかやま まさあき）

1932 年（昭和 7 年）6 月 14 日−、大阪市西区生まれ
父は、戦前に衆議院議員、戦後に参議院議員を務め、弁護士でもあった中山福蔵。母は初の女性閣僚（厚生大臣）となった中山マサ。母マサが第 1 次池田内閣の厚生大臣時代に秘書官を務めたのをきっかけに、政界入りする。建設大臣、国土庁長官、総務庁長官、郵政大臣、衆議院予算委員長を歴任。

中山正暉先生の書生から秘書に

大学卒業に合わせて書生から秘書となりました。秘書となった翌日から議員宿舎に入ることとなりました。アパート代もいらなくなると喜んでいたのも束の間、中山先生と議員宿舎で2人住まい。朝5時すぎには先生は目を覚まされていました。その気配を感じると、私はまず風呂に湯を張り、襖を開け、「先生おはようございます。風呂が入りました」と伝える。先生は「おぅそうか」と応じられ、先生が風呂に入られている間に車を洗い、先生の支度が整うと私が車を運転して自民党本部の会議に送り、私はそのまま議員会館事務所に入り秘書業務をこなすのが日課になりました。

午後6時すぎ先生から電話が入り国会の玄関まで迎えに行きます。あのころは料亭政治といわれ、夜も政治は動いていました。真夜中に議員宿舎に帰ると中山先生は服を着物に着替え、「般若心経」を一巻書き終えてから就寝されるのが日課でした。私は先生のかたわらで墨をすりながら今の政治状況、今日あったことなどを話して聞かせていただきました。

朝は5時すぎに起床、就寝は午前2時ごろ、このような生活を2年7ヵ月続けました。時には私の失敗で「宿舎を出ていけ」と言われたこともあり、私から「クビにして下さい」と申し出たこともあり、私にとってこの2年7ヵ月は大きな勉強になりました。その後、中山先生は、郵政大臣、建設大臣などをいくつも歴任されました。大学生時代の書生と卒業後は秘書として貴重な経験をさせていただいたことが、私の政治家としての基礎になり、今も生きています。

地元に帰って宮澤喜一先生の秘書に

一方で、旧甲山町（現世羅町）に住む父が年をとり、だんだんと弱っていくのを見るにつけ、長男でもある自分がいつまでも東京にいるわけにはいかないような気がしていました。ちょうどそのころ宮澤喜一先生の秘書の服部恒雄さんから、宮澤先生に会わないかと話をいただきました。宮澤喜一先生から「私は総理総裁を目指す。ついては、力を貸してもらえないだろうか」と言葉をいただき大変恐縮しました。「宮澤先生、ありがとうございます。

私は父が高齢で弱ってきておりますのでできれば地元で秘書をさせていただけないでしょうか」と申し上げたところ宮澤先生は「それは願ってもない、よろしく頼む」と、福山事務所を基地にして選挙区北部（旧3区、福山事務所から一周300㎞以上の距離）を担当することとなりました。

宮澤喜一先生は、経済企画庁長官、通商産業大臣などを歴任され、次の保守本流の中心的な人物として注目されていました。宮澤先生の力になれるなら全力で頑張ろうと思って、地元に戻る決心をしました。

書生、秘書として学生の時から「政治とは何か」を教えていただいた中山正暉先生に、宮澤喜一先生の地元秘書になることを報告し、私は地元へ帰りました。

父は、私が帰るのを待っていたかのように病気になり、まもなく他界しました。

宮澤先生は公務が忙しく年に一、二回帰省されるぐらいでした。各地域の式典や会合に私は代理として出席させていただきました。同時に後援会の皆様のもとへ宮澤先生の現在の様子などを報告し、また、要望も数多く聞いてまわらせていただきました。

そのころは携帯電話もなく、朝、福山事務所を出ればどこで何をしているか分からないことも多くあったと思います。

幸い、後援会の皆様が、私の動きを先輩秘書と宮澤先生に話していただいていたようで、信用を得ていたように思います。結婚の報告に出向くと宮澤先生から「私が媒酌をしましょう」と引き受けていただきました。自慢になりますが、媒酌は宮澤喜一先生、主賓に中山正暉先生にご臨席いただき、感激と感謝で胸がいっぱいだったことを今もよく思い出します。

議員としての第一歩、広島県議会議員へ

昭和58年（1983年）9月、突然、世羅郡区選出の広島県議会議員河合邦人先生（当時河合塾理事長）が逝去されました。その年11月に、補欠選挙が実施されることになりました。

私は、後継者には「地元の町長か議長が出られるのだろう」と思っていま

宮澤 喜一（みやざわ きいち）

1919年（大正8年）10月8日－2007年（平成19年）6月28日
広島県福山市出身の衆議院議員・宮澤裕の長男。大蔵官僚ののち政治家になる。
池田勇人の「秘蔵っ子」として参議院議員2期目にして経済企画庁長官などを務め、その後、通商産業大臣、外務大臣、内閣官房長官、副総理、大蔵大臣、郵政大臣、農林水産大臣、財務大臣、内閣総理大臣、自由民主党総務会長、自由民主党総裁などを歴任した。55年体制最後の内閣総理大臣でもある。

したが、地元の坂口昇世羅町長から「すぐ役所へ来てほしい」と連絡がありました。役場の町長室へ行くと坂口町長から「君は政治が好きなのか。いつまで秘書をするつもりか」など質問がありました。

例によって「政治が飯より好きです。いつかは議員に立候補したいと思っています」と申し上げたところ、「この補欠選挙へ立候補しないか。しかし当選はむずかしいかもしれないが、踏まれても蹴られても政治をやる気があれば考えてみないか」との話がありました。

父が他界し3年が経っていましたので、まず地元の組内の3人の長《おさ》に相談することにし、坂口町長には少し時間を頂くお願いをしてから、長のもとへ向かいました。3人の組内の長全員に立候補に賛成していただき、そこで、立候補を決意しました。

3人の長から、それぞれ組内の皆様に説明・説得してもらい、組を挙げてご支援頂くこととなりました。小学校・中学校・高校時代の同級生たちが私と一緒に田んぼの中や畦道を走り回ってくれて、皆さんの応援も大きな力となり心強かったことを覚えています。12日間の選挙戦は無我夢中で取り組み、幸い多くの皆様のご支援を頂き初当選させていただきました。33才で政治家の第一歩を歩み出しました。以来、26年間、県議会議員として「政治家は世のため人のために尽くすのが使命である」と常に使命感を持ち、広島県政、そして地元経済の発展、生活の安定、暮らしやすい地域づくりに取り組んでまいりました。

第3章　地方自治・県議会議員としての仕事

県議会議員として初仕事……
安定した飲料水の確保を目的にダムの建設

主に地元の発展に取り組むにあたり、世羅地域（三原市久井町含む）は水が少なく10年に1回は渇水に悩む地域で、「なんとしても水の安定確保を成し遂げなければならない」と考えました。当選したばかりの議員でまだまだ力も何もない私は、県議会の大先輩である木曽初行先生に私の想いを伝えました。木曽先生は世羅町長・議長、甲山《こうざん》町長・議長、世羅西町長・議長、久《く》井《い》町長・議長に呼び掛けてくださり「小島君が何か思いを伝えたいことがあるようだ、小島君の話を聞いてやってほしい」と間を取っていただきました。「私は、この世羅地域で今一番やらなければならないことは安定した飲料水の確保だと思います。まず第一にこのことに取り組みたいと思います」と話しました。各町長・議長全員にご賛同いただき、県議会本会議において、竹下虎之助知事に訴え、旧世羅町、旧甲山町には山田川ダムの建設を、旧世羅西町には農業用ダムである京丸・目谷ダムの水を農業飲雑用水（農業用水を飲料水に活用する手法）への切り替え供給を、また旧久井町においては野間《のま》川《がわ》ダムの建設を実現しました。

ダムには、⑴洪水調節機能、⑵河川維持流量（舟運、漁業、地下水の維持等を正常に維持するための流量）の供給、⑶利水補給（上水、農業用水、工業用水等）、⑷発電――などの機能があり、その用途に応じてダムの建設・運用がなされています。昨今、CO_2対策など、エネルギー源としても見直されていて、観光資源としても考えられる一方、想定外の大雨による災害も起こるようになり運用面の検討も必要になっています。

▲山田川ダム（世羅町）
山田川流域の治水と世羅町への上水道供給を目的に建設された。ゼロエミッションの達成と国土交通大臣賞を受賞

圃場《ほじょう》整備の推進と農事組合法人の設立

さらに、世羅高原は農業振興地域であり、将来の農業振興と道路改良・河川改修の一体的取り組みができることを考えれば、圃場整備事業を推進しなければなりません。圃場整備はさまざまな利害がからみ、なかなか難しく時間がかかる事業です。まず関係者の心の圃場整備から取り組まなければ前へ進めません。農業者の皆様、県庁の職員の皆様、農業改良普及員の皆様や農協の職員の皆様、町の担当職員の皆様と何度も話し合いを重ね初めて事業ができるものです。幸い世羅地区は約30以上多くの圃場整備が完了し素晴らしい農地になると共に道路改良や河川改修が進みました。

そして、世羅は農作物を生産後に加工して販売までする『広島県の6次産業発祥地』となりました。

農業の６次産業化を推進

それまでの農業というのは物を作って農協にもっていくだけの一次産業で、「作る」だけが普通でした。６次産業というのは物を作って加工して、販売までします。「作る（第１次産業）」、「加工（第２次産業）」、「販売（第３次産業）」の３つの工程を行い、物に付加価値を付けて売ることを６次産業（１＋２＋３）といいます。

この６次産業化の先鞭をつけた人は、私の地元の出身で広島県の農業改良普及員だった後由美子さんがそれを持って帰られたのです。初めは「何だろうか」と思っていたのですが、「これからは物を作って売るだけじゃだめだ」と気が付き、「加工して付加価値を付けて売るということをするのがいいんだ」ということが分かったわけです。

私は、県政報告会を毎年56会場ほどしていました。そのときに、「皆さん、こういう６次産業というものがあるんですよ。皆さん方のところに畑があるでしょう。例えば、国民年金を1ヵ月約6万3000円、2ヵ月ごとにもらうでしょう。それにプラス皆さん方の畑で野菜を作ってください。作った野菜を産直市場で売れば、月に5~6万円ぐらい入ってくるじゃないですか」と。「さらに加工して販売すれば、年間で70万円ぐらいの収入になります。国民年金に併せてそういう6次産業の、自分の作った野菜なんかを道の駅などの販売所に置いて売っていくと結構な小遣いになるでしょう」と。

「皆さん方のお孫さんにあげるというふうなことを考えれば、皆さんも生きがいが出てくるし、お孫さんも喜ぶし、いつまでも元気でいられるんじゃないですか」と私は、ずっと宣伝して回りました。その結果、6次産業化を目的とする会員が現在400~500人近くいます。これだけたくさんの会員の方々がアイデアを出し合い活動されています。

6次産業というのは、実際、広島県は世羅郡が一番初めにやり始めたところで、要するに第1号です。今では、全国の市町村に道の駅など直売所があって、6次産業化が随所で進んでいます。

●「道の駅 世羅」で６次産業を推進（世羅町）

尾道松江自動車道世羅ICに隣接、国道432号沿いに敷設した道の駅（51ページ⑨参照）

アンテナショップで町内の特産品等をPRしている。また、観光情報を発信し新たな観光需要を創出し、町内への周遊を促している。

世羅町の特産品、松きのこや梨などを販売

油木百彩館
神石郡神石高原町油木乙1983-2
新鮮な野菜や地元産蒟蒻、椎茸などの加工品を毎日入荷し油木高校生が養殖したナマズ料理も食べられる

食彩館しょうばらゆめさくら
庄原市新庄町291-1
庄原の食が一堂に集まる施設で野菜、米の他漬物等の加工品地酒、高級牛肉、手作りアイスやパンも食べられる

トレッタみよし
三次市東酒屋町438
畑と食卓、地域の人同士など、さまざまな交流をコンセプトに農産物、手作り味噌、ドレッシング、乳製品などの加工品をとり揃える

広島6区内の道の駅

① 道の駅 リストアステーション（庄原市）

広島県で最初に「道の駅」に指定された施設

売店では、庄原名菓の羊羹や田総川鮎の昆布巻き、地酒などの特産品を販売

③ 道の駅 さんわ182ステーション（神石高原町）

大正天皇ゆかりの神石牛をはじめ神石高原ポーク、神石イノシシ肉など地元の名産品をPR販売

⑤ 道の駅 ふぉレスト君田（三次市）

豊かな自然の中にある温泉施設併設の道の駅

地元で採れる新鮮な食材や特産品を販売

⑩ 道の駅 びんご府中（府中市）

府中市の伝統産業の味噌、木工、繊維の関連商品や地元のお菓子などが並ぶ

産直市場：野菜、こんにゃく、漬物など地元の農家さんの心がこもった商品が並ぶ

広島６区内の「道の駅」リスト

① 道の駅 リストアステーション
広島県庄原市総領町下領家 1-3 ／国道 432 号

② 道の駅 遊 YOU さろん東城
広島県庄原市東城町川東 877 ／国道 182 号

③ 道の駅 さんわ 182 ステーション
広島県神石郡神石高原町坂瀬川 5146-2 ／国道 182 号

④ 道の駅 ゆめランド布野
広島県三次市布野町下布野 661-1 ／国道 54 号

⑤ 道の駅 ふぉレスト君田
広島県三次市君田町泉吉田 311-3 ／主要地方道三次高野線

⑥ 道の駅 クロスロードみつぎ
広島県尾道市御調町大田 33 ／国道 486 号

⑦ 道の駅 みはら神明の里
広島県三原市糸崎四丁目 21 番 1 号／国道 2 号（三原バイパス）

⑧ 道の駅 たかの
広島県庄原市高野町下門田 49 番地／
主要地方道三次高野線（尾道松江自動車道高野インター）

⑨ 道の駅 世羅
広島県世羅郡世羅町大字川尻字大柳 2402 番地 1 ／
国道 432 号（尾道松江自動車道世羅インター）

⑩ 道の駅 びんご府中
広島県府中市府川町 230 番地 1 ／国道 486 号

世羅甲山バイパス、津田バイパス、小国バイパスへの取り組み

昔から「道路がどこもかしこも悪く、インフラの整備をしなくてはいけない」と思っていました。以前から旧甲山町と旧世羅町の中心部の一体化を進める上で世羅・甲山バイパス建設の案があり一度は頓挫しましたが、ちょうど国体が広島県で開催されることになり、自転車ロードレース会場に世羅郡がなるよう要望しこれを追い風にして道路整備を進めることができました。

そのため、世羅甲山バイパスは、中山間地域では珍しい幅員20メートルで電線・電話線をミニキャブシステムを取り入れて地下に埋め、電柱のない道路にしています。並木道も造り3・15キロのバイパスを造りました。中山間地域では当時としては珍しい整備された立派な道路になりました。

今では幸い多くの大規模小売店舗が立地し中山間地域としてはめずらしいにぎやかな地域となりました。

その後順次、津田バイパス、それから小国バイパス等整備に取り組みました。

道づくりと街づくり――世羅甲山バイパスの経済効果

世羅甲山バイパス周辺には、電気製品のエディオン、ヤマダ電機や日曜大工のジュンテンドー、ナフコなど大型店舗が多数やってきました。以前は、繊維や工作機械器具製造メーカーがあって、仕事先としてありましたが、縮小したり撤退したりで勤め先が減ってしまっていました。それに代わって地元の大手スーパーや、イオングループのマックスバリュなどのショッピングセンターを作り、消費と雇用を生み出しました。電柱を地中化した幅員20メートルの道路整備をしたことが幸いし、大規模小売店舗が多く出店し、人口約1万5千人の田舎にしては近隣の商圏を取り込み結構にぎわっていると思っています。

そして今では、尾道―松江線の甲山付近にも広がりにぎわいを見せています。

国民体育大会
自転車ロードレース

世羅甲山バイパスは、国民体育
大会をきっかけに整備された

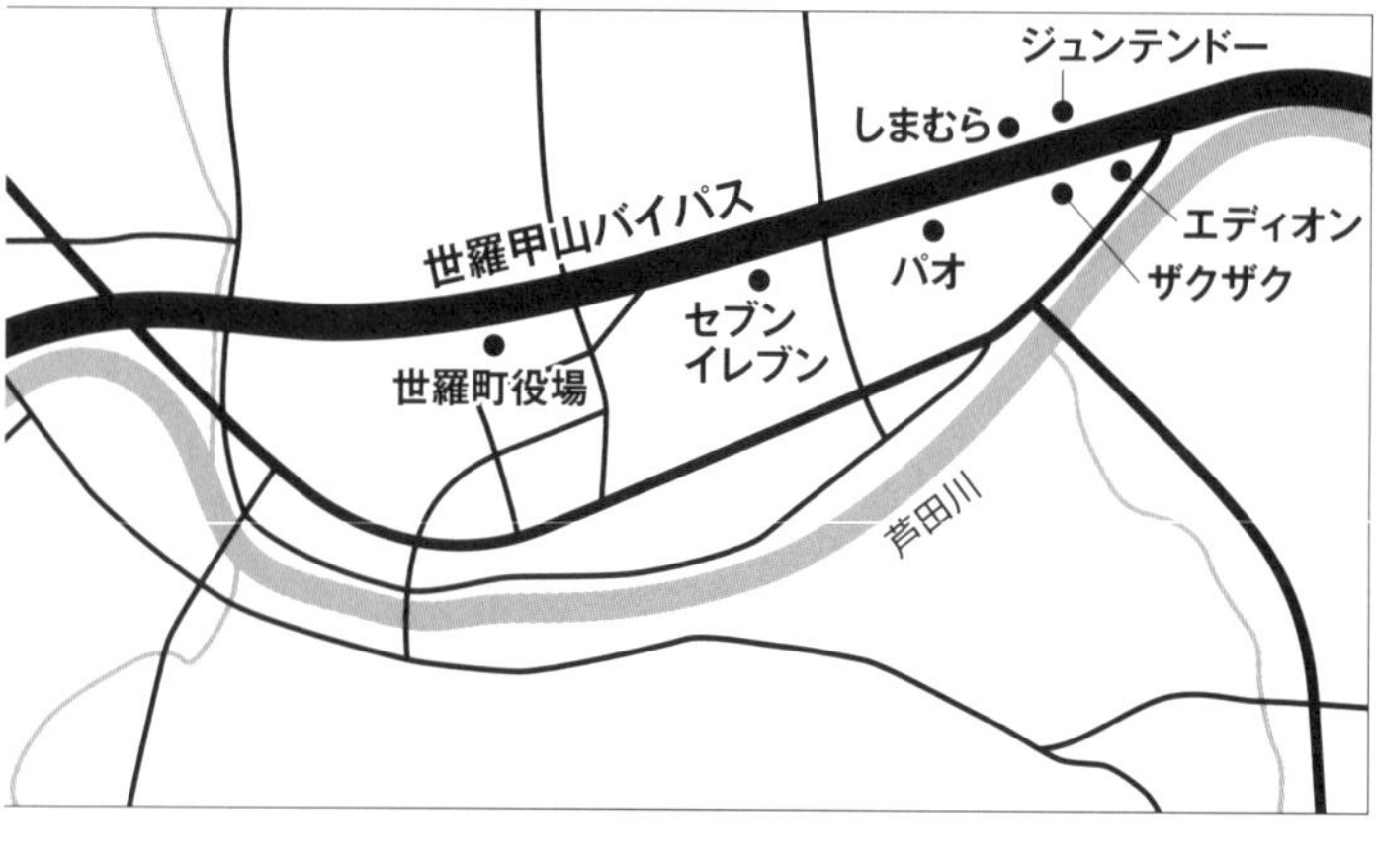

●世羅甲山バイパス主な出店企業

エディオン	家電・パソコン
ジュンテンドー	ホームセンター
しまむら	ファッション
ザグザグ	ドラッグストア
パオ	ショッピングモール
ファミリーマート	コンビニエンスストア
コスモス	ディスカウントドラッグストア
セブンイレブン	コンビニエンスストア
ショージ	食品スーパーマーケット
ヤマダ電機	家電・パソコン
パレット	デイリーファッション
ウォンツ	ドラッグストア
ジョイフル	ファミリーレストラン
マックスバリュ	食品・雑貨品スーパー
ナフコ	ホームセンター
ローソン	コンビニエンスストア

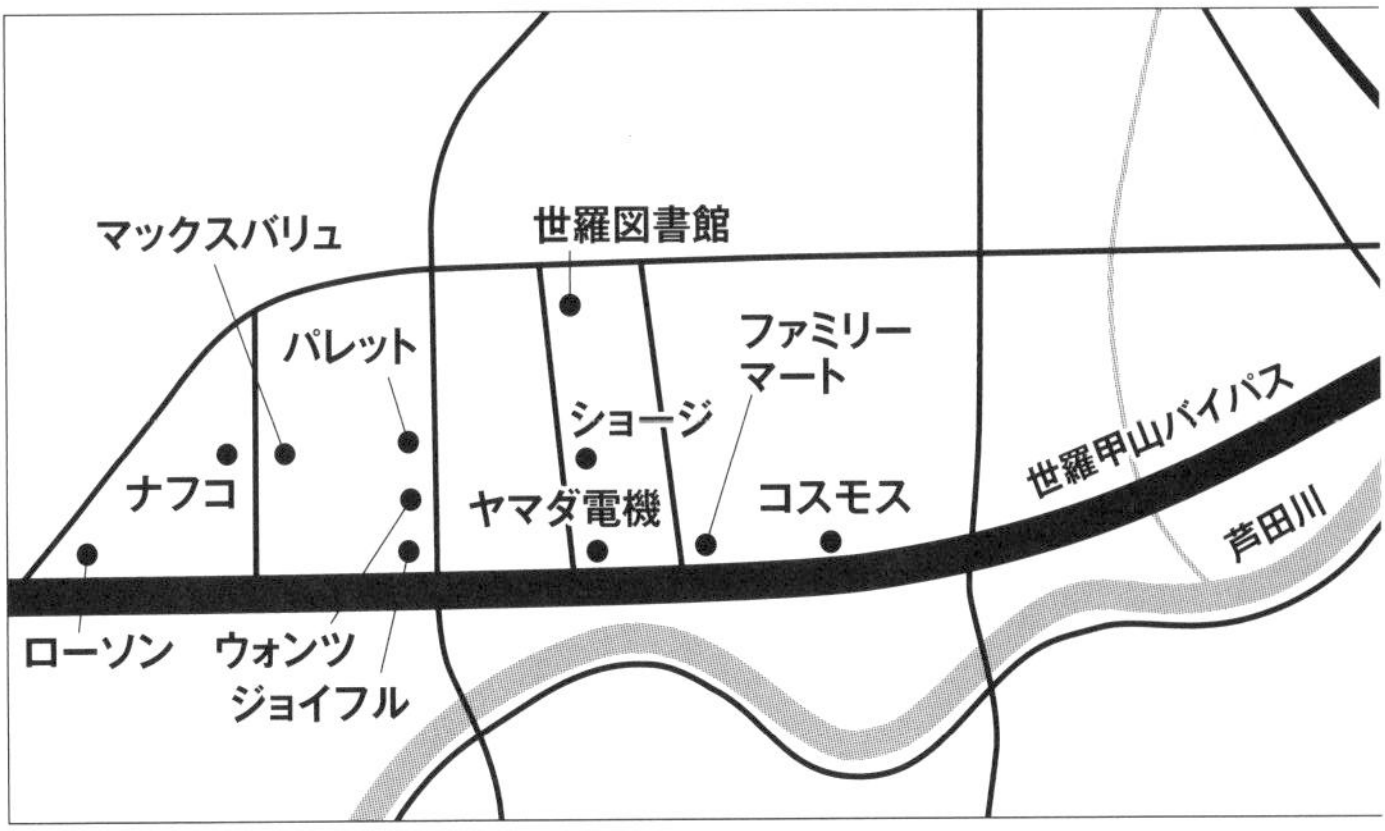

国営中部台地農地開発事業から観光農業などへの展開 そして「せら夢公園」建設へ

旧世羅町・旧甲山町・旧世羅西町・旧久井町（現三原市）・旧大和町（現三原市）の5町は、標高350メートルから450メートルの台地上に分布しており農業環境条件にめぐまれた地域であることから、国の食糧増産に呼応し、昭和52年（1977年）度に、受益面積570ヘクタール、640億円規模の予算で梨・野菜・たばこ・花木・茶・飼料作物の栽培などの事業が着工されました。

食糧生産基地を目指し開発は進んでいましたが、農産物の価格低迷や自然災害の影響等により観光農業を取り入れた営農計画の見直しが行われ、平成9年（1997年）度をもって開発面積340ヘクタールで事業が終了しました。現在では梨園・りんご園・栗園そして春先からしだれ桜・チューリップ・ふじ・芝桜・ラベンダー・菊桃・バラ・ひまわり・ゆりと、年中多くの観光農園が展開しています。

残された未開発の山林をどう活用するかが課題となりました。私は県の担当者とさまざまな活用策を検討しました。

全国の都市公園で県民１人当たりの公園面積を評価する手法があります。それによると、広島県民１人当たりの面積は全国でも低位にあることが分かったのです。そこに目を付け『国営中部台地農地開発事業』の残された山林を都市公園にするよう要望しました。しかし山間地に都市公園は難しいと言われ知恵をしぼりました。都市公園と農業公園の違いは一般の人には区別がつかないのではないかという議論があり、結局、県民公園と農業公園の複合公園を造ることとなりました。

多くの障害はありましたが「せら夢公園」として結実しました。今では年間２００万人の来場者を迎えるまでに成長しています。

世羅ワイン——世羅町の新しい特産物

県民公園、農業公園の建設が決まり、世羅には今、世羅幸水梨があり、リンゴがあり、私はもう1種類新しい果物が欲しいと考え、東京の青果市場へ赴き黒沼専務と面会をし、次の果物はどのようなものがいいかと教えをこいました。黒沼専務から、「これからはブドウがいいですよ。あなたの世羅地域の近くには三次《みよし》ピオーネというブドウがあるでしょう。これは東京のそんじょそこらのスーパーマーケットで売るようなものではありません。『タカノフルーツパーラー』や『明治屋』など高級果物店に置くほどの素晴らしいブドウです」という話をうかがいました。「きっと世羅は三次に近いから気候的にも合うでしょう」ということでブドウを栽培してはどうかという勧めでありました。私は、急ぎ足で広島県に帰り、県庁の農林水産部の課長にこのことを告げました。

私は「県民公園、農業公園に合わせてもう一つ世羅で新しい果物を作りたい。ブドウを作りたい」ということを申しました。すると、県の課長は、くすくすと笑ったのです。「なぜあなたは笑うのか」と私が質問をすると、課長は「小島先生、もう世羅は高齢化社会ですよ、お年寄りが上を向いて、いちいち袋かけをしたり、なかなか厳しいですよ」と言いました。「なるほど。じゃあ何をすればいいんだ」と質問しますと、その課長は、「小島先生、ワイン用のブドウを作ってはどうですか」と言うのです。「なぜならば、ワイン用のブドウは消毒もそれほど手間がいらず、摘果も手がかからず、これは栽培しやすいですよ」ということでした。

私は「ああそうか」ということで早速世羅町に帰り、時の松山理人町長にこのことを話しました。松山町長はすぐさまこの私の提案を受け入れ、町議会に諮り、10アール当たり八十数万円のブドウ棚の補助金制度を設けてくれました。それから世羅町の町民の有志の方々に話を持っていきました。世羅の農業者は本当に素晴らしく、農業に取り組む姿勢、技術と研究心を持ち、複数の農家に参加いただき、ワイン用のブドウ栽培が始まりました。以来、多くの方々が参加し、現在ではワイン用の畑が約9ヘクタール、副産物として生食《せいしょく》のブドウも同時に栽培しています。その結果、糖度20度前後の素晴らしいブドウができたのです。生食用のブドウ畑も拡大し、現在では11ヘクタール栽培しており、世羅に1つの特産品ができたのです。このことは農業振興地域の活性化の先掛けとなりました。

世羅ワインができてすぐに全国の新種のワイン品評会において、奨励賞や銅賞、はたまた金賞を獲得し、今現在、世羅ワインは名前の通ったブランドワインとして発展しています。世羅でワインを造るという時に、当時の吉岡三次市長が大変怒って私の方へ「三次にワインがあるのになぜ世羅にワインを造るのか」と言ってきました。私は吉岡市長に、「吉岡さん、あの流川と一緒だよ」と回答しました。「流川に行けば、そこに多くの繁華街があって、だからこそ多くの方々が飲みに集まるのでしょう。三次や世羅の方へ行けば、ワインとか花とか、果物とか、様々な何か面白いものがあるということになれば、多くの方々が訪れるのではないでしょうか」ということを申し上げたことを覚えています。せら夢公園を造り、またワインを造り、という中で、花と梨とリンゴと栗と――、様々なそうした農産物があるために年間２００万人の方々が、この地域に来場されるのです。

世羅町産ブドウで造られたハーフボトルワイン
“花のまち”世羅町の季節の花々をラベルにあしらった３種の詰め合わせセット

水耕栽培農園……県内で初めての誘致に成功

ある日、世羅町役場の金尾則満課長（後に新生世羅町の副町長）から、トマトジュースなどで有名なカゴメ株式会社の佐野泰三部長をご紹介いただきました。佐野部長と様々な話をするうちに、「世羅町に水耕栽培のトマト農園を造りたい」ということになりました。私は佐野部長に、「トマトは日照時間が大切ですね。日照時間では世羅よりも四国の方が時間的に長いのではないですか。四国の方へ行ってはどうでしょうか」と申し上げました。すると佐野部長は、「いやいや、確かに四国のほうが日照時間は長いのですが、夏が困ります。あまり暑すぎてトマトが焼けるのです」というお話でした。「この世羅が気候的にも水耕ハウス栽培に非常に合っている」との説明でした。

当時は、企業が農地を持つことができなかったのです。そこで、「世羅の農業関係者をご紹介いただきたい」ということでした。私は懇意にしている児玉建設株式会社の児玉真徳社長が、いつも口癖のように「従業員が60歳になると定年になり、長年働いてくれても定年ですぐ終わりではかわいそうだ。定年後農業で引き続き勤務できるシステムを作りたい」と言われていたことを思い出しました。児玉社長は農地も所有されていました。社長にカゴメの佐野部長を会わせました。お互い話がうまく合い、カゴメ株式会社と組んでトマトの水耕栽培をするという方向で話が進んでいきました。

このことがきっかけとなり、トマトの水耕栽培で９ヘクタールの大温室ができることになりました。オランダの水耕栽培のプラントを日本に持ってくるという手法で、当時日本で初めて世羅で水耕栽培のトマト農園が誕生し、今も続いています。さらに、日本農園（にっぽん農園）という会社ができました。これは、カナダの水耕栽培の技術を日本に持ってきて作られました。

この主体となったのは株式会社河原といい、油圧系の機械製造メーカーで、河原栄会長の事業拡大計画により水耕栽培でボストンレタスを作るという構想でした。金尾課長から私の方に、「どうもこの会社は岡山の児島湖周辺に作るらしい」という情報が入りました。私は早速会長のもとへ走りました。そして、どうぞ世羅に来てほしいという要望をしました。

幸いにして河原会長のご理解を頂いて、これまた世羅町に誘致が決定し、２つの水耕栽培の野菜工場が誕生しました。まさに土地利用型農業と同時に水耕栽培農業もこの世羅高原で展開できることになったのです。世羅町の当時の役場職員の方々は本当に意欲があり行動力を発揮し、この世羅郡を何とかしよう、何とかしたいという大変な勢いがありました。甲山町、世羅町、世羅西町三町の役場職員の皆さん方の大変な努力があって、このような方々と連携がうまくできたからこそ農業振興事業と観光農業を達成することができたのです。

●世羅菜園（世羅町）

カゴメと地元の出資による農業生産法人が営む日本最大級のトマト農園で、カゴメの全国に8ヵ所ある大型菜園の一つ（約8.5ha）

東京ドームの約1.7倍の広さを持つ温室内に、トマトが約20万本植えられています。

広島県産のトマト「ラウンドレッド」（カゴメブランド）トマトは世羅町の町おこし産品の1つとなっています。

○カゴメ株式会社ウェブページ「菜園の紹介」
https://www.kagome.co.jp/seisen/tomato/about/

●温室水耕栽培

水耕栽培とは土壌を使わず作物を栽培することです。作物は土そのものではなく、そこに含まれるミネラルを必要としています。水耕栽培は作物が必要としているそれらミネラルを水から直接取れるようにしたものです。日本農園の水耕栽培システムは水の再利用、媒体の廃棄物ゼロ、環境にやさしい肥料などを取り入れています。

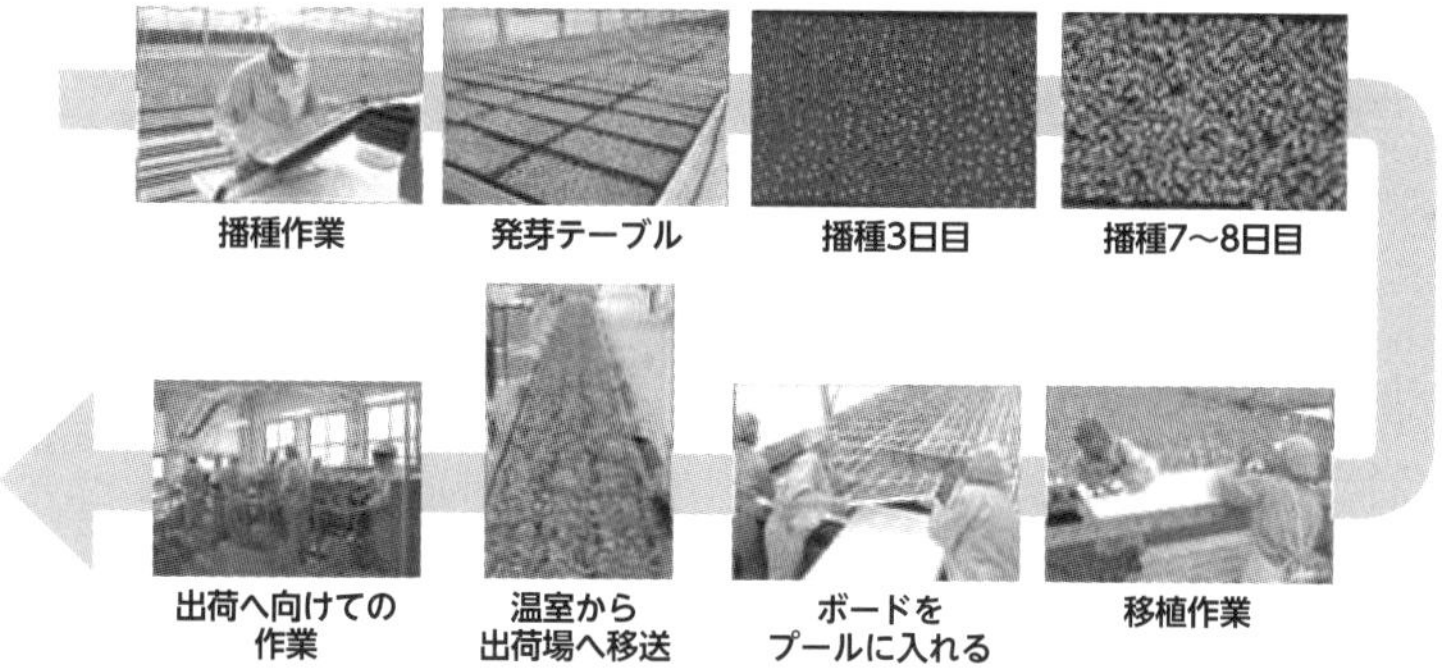

◀ボストンレタス
水耕栽培の日本農園のレタスは、路地栽培のものより多くのビタミンとミネラルを含んでいます。葉が柔らかく簡単に洗うだけでよいので、清潔で美味しく、しかも扱いやすいレタスです。

株式会社日本農園（世羅町）
温室水耕栽培・フローティングラフト技術により25,000坪の敷地内で年間約500万株のボストンレタスを栽培しています。

資料：日本農園　http://www.nippon-noen.co.jp/

広島空港大橋と広島中央フライトロード……世界6位のアーチ橋と産業道路

広島空港から北へ、「フライトロード」という構想があります。山陽自動車道・河内ICと中国自動車道尾道―松江線・世羅ICを結ぶ計画で、約30キロの自動車専用道路として広島空港へのアクセス道路、山陽自動車道につながると産業道路にもなります。今は、三原市本郷町から三原市大和町の約10キロが開通区間で、三原市大和町から世羅町の約14キロがまだ調査区間となっており開通していません。

開通区間（約10キロ）には、広島空港の北に大きな谷があって、谷に架けられた橋を広島空港大橋（70ページ図）といいますが、アーチのスパンが380メートルもあります。2014年時点のアーチ式の橋では、日本で最も大きく、陸上橋としては世界で第6位の大きな橋で、谷から橋のところまで高さが190メートルもあり、驚くべき、すごい橋を造ったものです。そのため、「21世紀初頭の一番むだな橋だ」といわれたのですが、将来この橋は必ず活きてきます。広島空港の北に位置する渓谷に大和町《だいわ》岡田孝裕町長の発案で空港を３６０度活用するためにぜひ大橋を造りたいとの思いに私も賛同し共に取り組みました。

巨額な予算で造られたアーチ式の橋で、２０１１年4月20日に開通しました。フライトロード第一期整備区間約10キロの事業費約６５０億円のうち、この橋だけで約３００億円を費やしました。

この山陽自動車道・河内ICと中国自動車道にアクセスしている尾道―松江線・世羅ICを結ぶ計画が完成すれば島根県も含む県北部地域の経済効果が期待できます。しかし現在、広島県の予算も限られており、県は広島市内の広島南道路・安芸バイパス、双葉山トンネル等の建設を先行させています。そのため、フライトロード建設の優先順位が低くなっていますが、推進者の一人として、島根県も含む県北部地域経済を活性化させるためにこの建設事業を早期に完成させたいと思っています。

三原市に合併される前の本郷町、久井町、大和町

●山陽自動車道・河内ICと中国自動車道尾道松江線・世羅ICを結ぶフライトロード

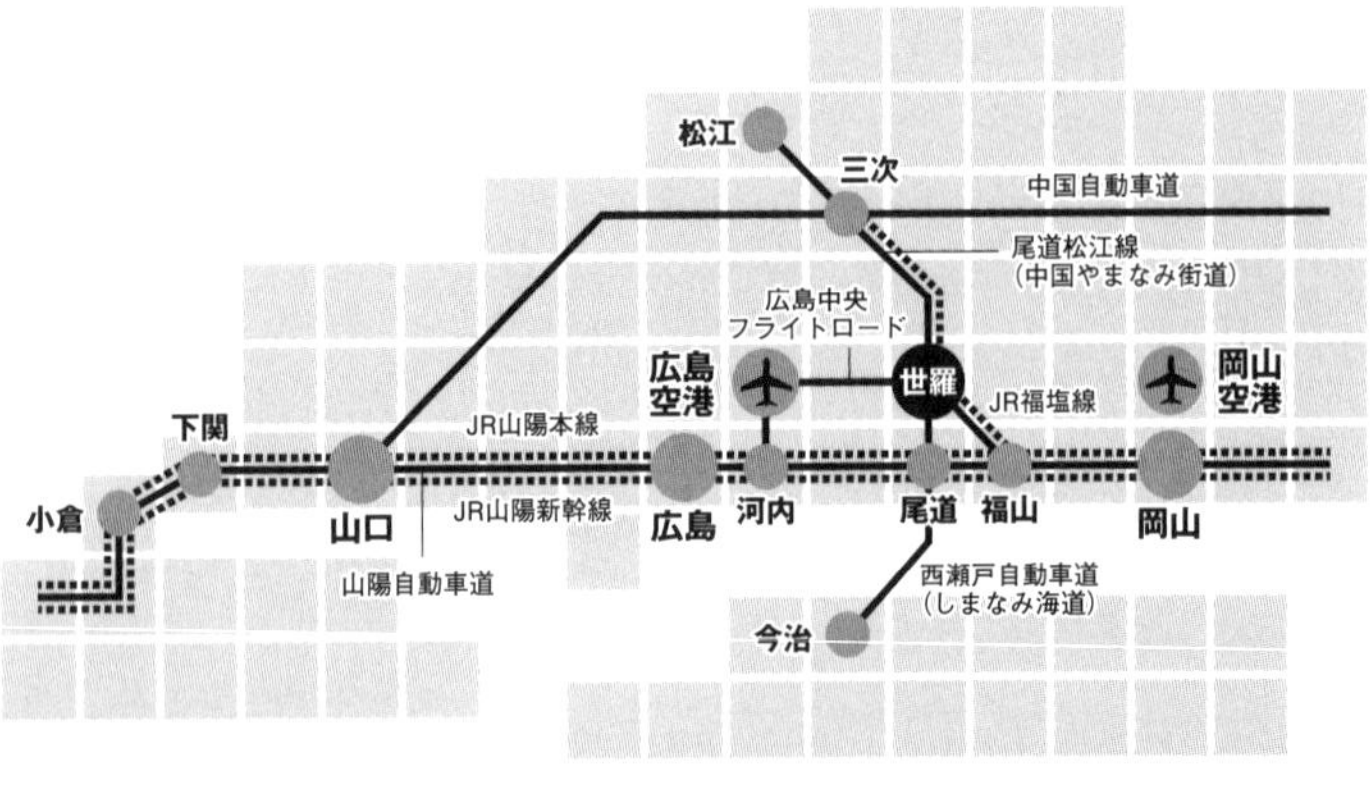

島根県を含む広島県北部地域の経済効果が期待される

広島中央フライトロード

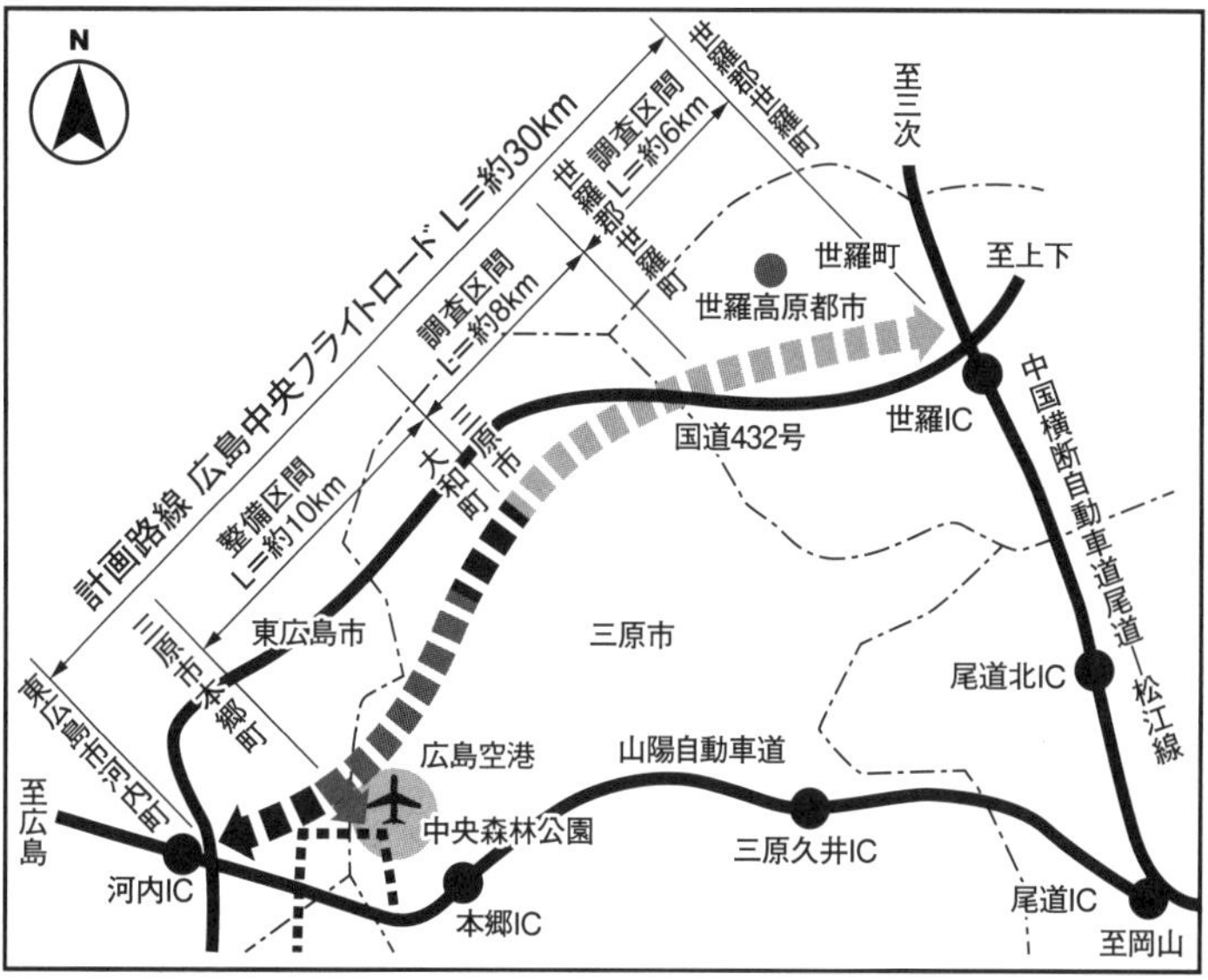

開通区間：広島県三原市本郷町－広島県三原市大和町（約 10 km）
調査区間：広島県三原市大和町－広島県世羅郡世羅町（約 14 km）
大和南 IC から尾道自動車道までは現在調査区間で IC 名や設置場所は未定であるが世羅 IC 付近へ接続予定

凡例				
広域道路（交流促進型）	地域高規格道路	計画路線	整備区間	
			うち使用区間	
			調査区間	
	その他			
高規格幹線道路	供用及び整備計画区間			

広島空港から広島県三原市大和町（約 10 km）は開通しているが、広島県三原市大和町から広島県世羅郡世羅町（約 14 km）の区間は頓挫している。広島空港の北へ谷があって、谷に架けられた橋が空港大橋というが、実は 300 億円もかけて造った、アーチ橋では世界で第６位（日本では１位）の大きさ　　（2014 年度調査）

広島空港大橋（愛称「広島スカイアーチ」）

広島県三原市本郷町にある道路橋で、日本国内最大のアーチ橋（2014 年現在）。橋長 800 m（うちアーチ部 500 m）、アーチスパン 380 m、最高地上高約 190 m。沼田川渓谷を渡る。建設費は約 300 億円で第一期建設区間の総事業費約 650 億円の 5 分の 2 以上を費やしている。正式名称は「広島空港大橋」で、愛称が「広島スカイアーチ」である。歩道がない自動車専用橋であり、橋上での駐停車および歩行での見物は道路交通法上禁止されている。なお将来 4 車線化に対応した作りになっている。

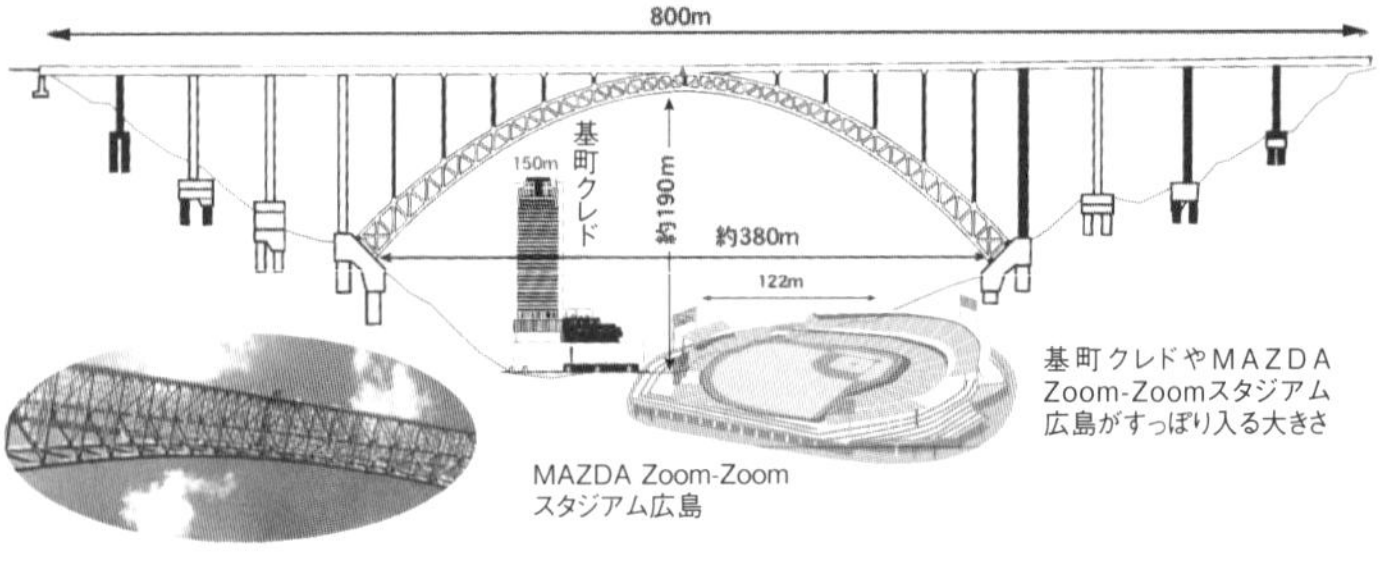

アーチ橋（日本）ランキング（主径間長）

順位	橋梁名	主径間長(m)	走行面	アーチ形式	県名	完成年
1	**広島空港大橋**	380.0	上路	ブレースドリブ固定アーチ橋	広島県	2010
2	**新木津川大橋**	305.0	中路	ニールセンバランスドアーチ橋	大阪府	1993
3	**大三島橋**	297.0	中路	2ヒンジ側タイアーチ橋	愛媛県	1979
4	**夢舞大橋**	280.0	中路	ソリッドリブ浮体式アーチ橋	大阪府	2000
4	**第二音戸大橋**	280.0	中路	ニールセンローゼ固定アーチ橋	広島県	2013
6	**干支大橋**	275.0	中路	ブレースドリブ固定アーチ橋	宮崎県	1995
7	**新富士川橋**	265.0	上路	鋼コンクリート複合アーチ橋	静岡県	2005
8	**牛根大橋**	260.0	中路	ソリッドリブバランスドアーチ橋	鹿児島県	2008
8	**西郷大橋**	260.0	中路	ソリッドリブ固定アーチ橋	島根県	1977
8	**天翔大橋**	260.0	上路	RC固定アーチ橋	宮崎県	2000
8	**千歳橋**	260.0	下路	2径間連続ブレースドリブアーチ橋	大阪府	2003

第4章　衆議院議員として国政へ

亀井静香先生とのこと

初の県議会議員選挙の時のことでした。私より先に立候補表明した候補者が、亀井先生の応援を要請しました。亀井先生は、その候補者の応援に加わられました。ボタンのかけ違い一つで色々なことがあるものです。私が5期目の選挙の時、亀井派から対抗馬を出され大変はげしい選挙戦となりましたが、幸いこの選挙でも勝ちぬくことができました。選挙後、宮澤喜一先生と中山正暉先生が、亀井静香先生と私の関係を心配され仲介の労を取るということになり、東京の料理屋で4人の会談がとりおこなわれました。以来、衆議院選挙で私は亀井静香先生の応援をさせていただきました。政治は、「昨日の敵は今日の友」といわれ、昨日までは敵だった者たちでも、事情が変われば今日は味方同士になるものです。

小泉首相の郵便局の民営化を迫る「踏み絵のような郵政選挙」で、亀井先生は小泉首相と対立され、自民党を飛び出してしまわれました。亀井先生から電話があり「俺は自民党を出る」とのことでした。私は「亀井先生、どうか思いとどまって下さい。自民党を出られると、私は先生を応援することができなくなります」と申し上げました。亀井先生は「そうだ、そうなんだよ。しかし、しかたがないんだよ、わかってくれよ」。ガチャっと電話は切れてしまいました。それでも私は亀井先生を応援しました。選挙が終わり、広島県第6選挙区には自民党の衆議院議員はいなくなりました。

以来、中央と広島県政との間で情報がプッツと切れたような状況が続き、パイプがつまったような状況下では、なかなか地方の発展はむずかしいことを実感したのも事実です。

その後、民主党政権が誕生し、亀井静香先生は金融担当大臣に就任されました。リーマンショックの経済不況で企業の業績が悪くなり、危機に立たされた時など、「地域の中小企業を守れ」と、大活躍をされたことは記憶に新しいところです。

亀井静香先生は、第48回衆議院議員総選挙には立候補せず、その期限りで政界を引退することを表明されました。亀井静香先生の長年にわたるご活躍に同じ政治に関わる者として敬意を表しますと共にご慰労を申し上げる次第であります。

昨年（令和2年）11月9日、私は亀井静香先生のもとを訪ねました。亀井先生は「俺は今、太陽光発電とバイオマス発電に取り組んでいるんだよ」とのことでした。

私は国会に出て6年かかりましたが「森林環境贈与税を作った」ことを話しました。「地球温暖化を食い止めるには森林の整備が重要です」と申し上げました。亀井先生は私の話を聞き「俺と君の考え方は合うな」と言われ、さまざまな話をすることができました。亀井先生は「小島君、君は引き続き頑張ってくれなければいけん。帰ったら俺がそう言っているとみんなに伝えてほしい」とのことでした。ありがたいことです。

私の相手の代議士が立憲民主党の広島県代表に就任したことを聞かれた亀井先生は「俺の役目は終わったな」と言われたそうです。

私は亀井静香先生は決してアンチ自民党ではなかったように感じています。

亀井 静香（かめい しずか）

1936年（昭和11年）11月1日－
広島県庄原市生まれ
日本の元警察官僚、政治家。衆議院議員を13期務め、運輸大臣（第69代）、建設大臣（第64代）、自由民主党政務調査会長（第43代）、国民新党代表（第2代）、内閣府特命担当大臣（金融担当）などを歴任。2019年、旭日大綬章を受章。現在、MJSソーラー株式会社代表取締役会長。

国政進出への決意

平成21年（２００９年）７月、第45回衆議院議員総選挙が迫っていました。
当時の自民党本部の菅義偉《すがよしひで》選挙対策副委員長から東京で会わないかとの連絡

があり、私は東京へ出向き菅選対副委員長と面会しました。菅副委員長から次の衆議院選挙に広島県6区から自民党公認で出ないかとの話をいただきましたが、私は、地元の後援会にも話をしていないので立候補はむずかしいことを伝え、帰郷しました。

1ヵ月後、こんどは自民党広島県連奥原信也幹事長から「古賀誠選挙対策委員長（当時）が会いたいと言われている。ついて来なさい」と言われ、私は奥原信也幹事長と共に自民党本部に赴きました。古賀誠選対委員長、菅義偉選対副委員長、奥原信也県連幹事長、そして私の4人で話し合い、最終的に、古賀誠選対委員長から「小島さん、あなたはこれから20年できますよね。おやんなさいよ」と、言葉をいただきました。大変迷いましたが、県議会に籍を置かせていただき26年、後半の約10年間はバブルの崩壊により委員会、本会議においても、県財政の逼迫により県知事以下職員の給与の削減（県知事12・5％／月、議長・県議会議員12・5％／月、部長7％／月、課長5％／月、一般職員3％／月）、地方機関の統廃合、公共事業のカットなど廃止縮小の話ばかりのきびしい県行政で、必死の思いで予算を整理縮小しても広島県では２兆１千億円もの借金が膨れ上がっていたのです。なぜこれだけ努力しても借金が増えるのかいろいろ調べているうちに、国から来るべき地方交付税交付金が来ていなかったことが分かりました。もちろん国も財政状況は苦しくなっていました。このままでは広島県は元気になれないと思い始めていました。国の頭を切り替えて経済を回復させる対策を打ち、税収を増やして地方交付税交付金を少しでも増やさなければと考えていた時期でした。古賀誠先生のお言葉で、「26年間県政に携わらせていただいた。この際残りの人生を中央に行きしっかりと議論し経済の回復をはかり、少しでも県財政や地方を良くしたい。そしてこの国の平和と安全を守りたい」と衆議院への鞍替えを決意したのです。

●広島県・広島６区の各市町村の地方交付税金額

普通交付税額の推移

（百万円）

	H1	H2	H3	H4	H5	H6	H7	H8
広島県	155,837	156,409	172,798	179,557	180,624	187,131	188,682	201,881

H9	H10	H11	H12	H13	H14	H15	H16
205,187	215,478	256,928	259,403	250,654	253,502	230,779	209,503

H17	H18	H19	H20	H21	H22	H23	H24
205,338	178,983	163,642	166,923	182,755	188,274	191,681	189,088

H25	H26	H27	H28	H29	H30	R1	R2
184,077	183,728	181,133	185,259	168,131	169,245	165,405	173,702

広島出身の池田勇人先生が唱えた「所得倍増計画」、それを支えた宮澤喜一先生は国民の生活を豊かにした。経済の好循環をつくって地方を豊かにしていきたい。

広島6区の各市の普通交付税額の推移　(百万円)

		H15	H16	H17	H18	H19	H20	H21
広島県		230,779	209,503	205,338	178,983	163,642	166,923	182,755
広島県内市町村の合計		197,719	182,690	188,156	173,612	165,983	175,205	179,493
計		428,498	392,193	393,494	352,595	329,625	342,129	352,253
	三原市	8,097	7,559	7,927	7,822	7,279	7,757	8,299
	尾道市	14,001	13,140	13,232	12,713	11,278	12,033	11,798
	府中市	4,279	4,240	4,256	3,851	3,572	3,576	4,384
	三次市	11,846	12,255	12,750	13,024	13,232	14,132	14,479
	庄原市	11,941	11,501	12,101	12,181	12,812	13,141	13,438
	世羅郡	4,569	4,532	4,583	4,529	4,507	4,829	4,944
	神石郡	5,407	5,084	5,212	5,113	4,871	5,079	5,211

		H22	H23	H24	H25	H26	H27	H28
広島県		188,274	191,681	189,088	184,077	183,728	181,133	185,259
広島県内市町村の合計		195,179	198,473	202,367	197,186	195,039	189,710	183,141
計		383,453	390,155	391,454	381,263	378,767	370,843	368,401
	三原市	8,540	8,830	9,499	9,726	9,880	9,505	9,722
	尾道市	13,235	13,064	13,370	13,357	13,546	13,642	13,050
	府中市	4,945	5,340	5,385	5,231	5,442	5,510	5,365
	三次市	15,489	15,516	15,397	15,667	15,614	15,278	14,412
	庄原市	14,312	14,281	14,407	14,387	14,165	3,639	12,734
	世羅郡	5,279	5,276	5,352	5,246	5,113	5,108	4,735
	神石郡	5,494	5,497	5,470	5,385	5,278	5,182	4,879

		H29	H30	R1	R2
広島県		168,131	169,245	165,405	173,702
広島県内市町村の合計		185,782	183,045	188,172	186,238
計		353,914	352,290	353,557	359,939
	三原市	9,422	9,750	10,273	10,034
	尾道市	12,959	12,585	13,156	13,328
	府中市	5,225	5,129	5,313	5,438
	三次市	13,673	13,025	12,605	12,885
	庄原市	12,179	11,824	11,539	11,701
	世羅郡	4,722	4,508	4,391	4,328
	神石郡	4,801	4,553	4,458	4,603

厚生労働大臣政務官を拝命

令和元年（2019年）9月の第4次安倍政権の第2次改造内閣で、厚生労働大臣政務官を拝命いたしました。私は国会議員になってから衆議院で所属した委員会や自民党の部会などから考えて農林水産省か国土交通省の大臣政務官のポストが回ってくるのではないかと内心思っていました。

当然、従来から厚生労働省の関係でも、医師の偏在対策、福祉の充実、被爆者援護法、遺骨収集、水道関連諸法の関係等々、随所で施策に関わっていましたが、総理官邸の西村明宏官房副長官から内示の電話をいただいた時は正直驚きました。しかし、自分の過去を顧みて本当に感慨深い思いでした。

それというのも、私が中山正暉先生の秘書をしている間に、先生は厚生政務次官と労働政務次官を務めておられましたから、私は当時別々の役所だった厚生省にも労働省にも中山先生のお供をいたしました。先生は、母親の中山マサ先生が史上初の女性閣僚として入閣されたのが厚生大臣で、在任中は政務秘書官を務められ、実兄の中山太郎先生も厚生政務次官を経験されていましたので、やはり、厚生労働行政には私は少なからずご縁があったのだと思います。

その年の12月に中国武漢市での新型コロナウイルス発生のニュースが報道されました。武漢市での状況が連日ニュースで報道される中、令和2年（2020年）1月に東京湾での東京湾クルージング（屋形船）による新型コロナウイルス感染者が発生しました。この病気は、いったいどのような病気なのかよく分からないうちに、2月4日に、横浜港に帰港する予定だったダイヤモンド・プリンセス号内でコロナ感染者が判明しました。私は、加藤勝信厚生労働大臣と新型コロナウイルス対応にあたることになりました。連日厚生労働省内において医療供給体制の整備――医療従事者の防護具は足りているのか、PCR検査はどのようにするのか、検査キットはどこにあるのかなど――議論を重ねていました。その内、PCR検査キットはどうもスイスの製薬会社「ロシュ」が持っているらしいとの情報が入りました。すぐさまロシュ社の日本支社に当たってみてくれということになりました。

私は政務官室に医療従事者や介護職員に必要な防護具の供給スケジュールを書いた紙を貼り出し、連日入荷数量のチェックをすると同時に、担当職員と打ち合わせを何回も行いました。当時マスクやサージカルガウン、手袋等はほとんどが輸入にたよっていました。また、供給スケジュールには入荷数量は書きこんであるものの「検討中」「予定」とあり、予定通り入ってくるのか大変苦慮しました。また、このような原因の分からないウイルス感染が将来的に頻繁に起こるのではないかと考え、医療従事者等の防護具は国内でもすぐ入手できるように国内のアパレル工業組合に調達ルートを作りました。

新型コロナウイルスの感染拡大を抑えるためには、ワクチンを入手することが重要となりました。全世界で有効なワクチンは、アメリカのファイザー社およびモデルナ社、そしてイギリスのアストラゼネカ社のものであることが分かり、私の在任中この3社と2億9000万回分の仮契約を結ぶことができました。さらに国内の産業が大変なことになるのは目に見えているので、企業や働く人、生活者への支援として「雇用調整助成金」「総合支援資金の特例措置」等をつくりました。国民をしっかり支えなければ、あのリーマンショックの時のように多くの自殺者を出してはいけないと考えました。担当者に「住宅確保給付金」「緊急小口資金の特例貸付」の状況と対応を問い合わせ、出先のハローワークや社会福祉協議会に視察と激励をして回りました。

一方、国会対応で予算委員会をはじめ各委員会に出席し質問に対する答弁も行いました。結局1月から退任するまでの9月まで土曜日も日曜日もほとんど休む事なく厚労省へ詰めて対策に取り組んできました。厚生労働省職員の皆さんには、昼も夜も土曜日も日曜日も、省内の対策本部において、寒い日も暑い日もまさに疲労困憊の状況にも関わらず本当によく働いていただいており、頭が下がる思いでした。職員の方々に出会うと「身体に気を付けてください」と言うことが精一杯の激励でありました。1日も早く一人でも多くの国民にワクチンの接種を完了し、この災難を克服し、経済を回復しなければなりません。

遺骨収集……厚生労働大臣政務官として初仕事

戦没者遺骨鑑定センターの新設

私は令和元年（２０１９年）９月、厚生労働大臣政務官に就任いたしました。厚生労働大臣政務官として、私がまず一番初めに取り組んだことは、遺骨収集問題です。ロシアからの遺骨に外国人の遺骨が混ざっていたのですが、厚生労働省は14年間そのことを公表していませんでした。このことに関しては、「戦没者、犠牲者に対する扱いがあまりにもひどい」という憤りに近い感情がありました。

「あの戦争で国を思い、家族を思い、勇気を持って死んでいった多くの方々の尊い犠牲の上に今日の日本があることを、我々は決して忘れてはならない」と思っています。あの戦争で約２４０万柱の方々が亡くなられたのに、まだ日本に帰っていない遺骨が約１１２万柱もあるのです。そのうち海の底に沈んでいる遺骨が約30万柱といわれています。何としても１柱でも多く日本に帰還をしていただく、そのことが我々の使命だと考えています。

それなのに、厚生労働省が14年間もロシアからの遺骨に外国人の遺骨があったにもかかわらず発表しなかったのは誠に遺憾なことです。現在、日本政府は令和６年まで遺骨収集の集中期間として取り組んでいますが、この新型コロナウイルスの発生状況では思うように作業は進んでいません。しかし、何としてもそうした尊い遺骨のＤＮＡ鑑定をしっかりとやらなければならないということはもちろんです。近年そうしたＤＮＡ鑑定の技術が進んできました。シークエンサー（sequencer）という新しい機器もできてきて、今後日本にお帰りになる遺骨に、外国人のものが混ざることはなくなるものと期待されますが、過去に帰還されたものが、外国人の遺骨と混ざったままではいけないと私は考えています。厚生労働大臣政務官としてこのことにも真正面から取り組んできたのです。

その結果、新しい解析装置を採り入れ、厚生労働省内に戦没者遺骨鑑定センターを新設いたしました。今後とも1柱でも多く日本に帰っていただくよう努力を続けていきたいと考えています。

■戦没者遺骨鑑定センターの新設

460人分（ロシアにおける外国人の骨が間違って収容されていた）

●戦没者

海外戦没者数　約240万柱
内収容遺骨　約128万柱
未収容遺骨　約112万柱
海没遺骨　約30万柱
遺骨収集事業による収容遺骨数　約34万柱
相手国の事情により収容が困難な遺骨　約23万柱
上記以外の未収容遺骨　約59万柱

医師の偏在……地方の医師不足の原因

地方の医師偏在是正への取り組み

地方に医師が不足して、都会にばかり多くなっています。そのためにたとえば、妊娠中の女性の救急車の受け入れができずに死亡事故になってしまったり、緊急患者の治療ができなかったり、これらは医師の偏在と言われて大きな問題となっています。国公立大学で医師１名をつくるのに税金が９８００万円使われています。国公立で払う授業料は年に56万円くらいです。６年間で３５０万円程度ですからそれではとても足りません。だから国民の税金が医師１人に国公立だと９０００万円以上、私学だと６０００万円以上使われています。にもかかわらず、今の医師の傾向は専門医を目指す方が多くなりました。要するに、脳外科や消化器内科とか医師の専門化が主流になっているのです。

今まであった医局制度は徒弟制度といわれて、医局長が「何々君、どこどこの町立病院に2年間行ってください」と指示をしていました。そのような医局制度があるときまでは、地方の公立病院でも不都合はなかったのです。ところが徒弟制度がだめということになり、6年間で医師の免許を取ったら、今度は自分のスキルを磨くためにどこへ行ってもいいとなりました。だから若手の医師は皆、大きい都会の病院へ出ていくようになりました。そのことによって地方の病院の医師不足、いわゆる医師の偏在ということが起こってきました。

赤ひげ先生はいないのですか

私は当初から日本医師会の先生方にお越しいただいた自民党本部の会議のたびに、「現代の赤ひげ先生はいないんですか」と繰り返し言ってきました。

はじめは相手にされませんでしたが、それを毎回毎回折に触れて言い続けました。私が言いたかったのは要するに総合診療専門医が欲しいということでした。田舎の病院では、身体全体を診れる――脳血管も診れば内臓も診るとか――そういう全体を診られる医師が必要なのです。つまり総合診療専門医が欲しいんだということを6年間ずっと言い続けてきました。先輩議員にもやっとそれを認めてもらい総合診療専門医制度ができました。２０１８年度から第一期生が研修を開始したのです。２０２１年度末までには初めての総合診療専門医が誕生します。

医師が増えても地方の医療は逼迫

地域偏在はなぜ起きたのか

医師不足を解消するために、平成８年（１９９６年）から平成28年（２０１６年）の20年間で、医学部の定員を24万９０８人から31万９４８０人へと33％

増やしました。高齢化社会で医師が不足するのが明らかだったからです。しかし、地方へ医師が行きませんでした。大都市医療圏41％増、地方都市医療圏30％増である一方、過疎地ではわずか4％増でした。

下図の、「過疎地域」勤務比率の性・年齢階級別の推移を見てみると、1996年には、20歳代の男性勤務医の8％、女性勤務医の3％が過疎地に勤務していたことを示しています。

定数増で女性の医師が増えましたが、女性の医師は都市部での勤務を選択する傾向があり、過疎地域に行きたがらない

年代階級別・性別「過疎地域」勤務比率

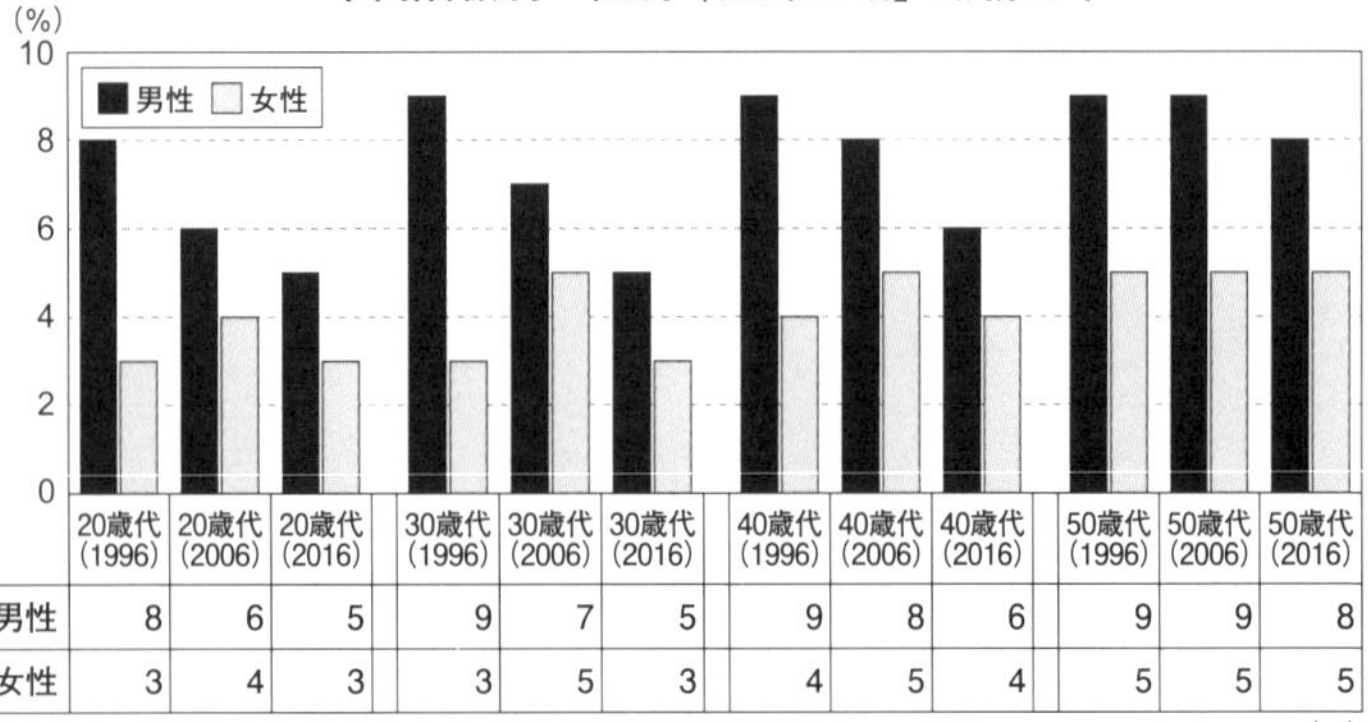

	20歳代 (1996)	20歳代 (2006)	20歳代 (2016)	30歳代 (1996)	30歳代 (2006)	30歳代 (2016)	40歳代 (1996)	40歳代 (2006)	40歳代 (2016)	50歳代 (1996)	50歳代 (2006)	50歳代 (2016)
男性	8	6	5	9	7	5	9	8	6	9	9	8
女性	3	4	3	3	5	3	4	5	4	5	5	5

(%)

ことが図からわかります。近年では、若い男性臨床医の過疎地勤務比率が急激に低下し、男性も過疎地を避ける傾向が強くなりました。元々過疎地での勤務比率が低い女性医師の増加と、男性若手医師の過疎地勤務比率の急速な低下が相まって、今、過疎地の若手医師が急減しています。

ＩＣＵ（集中治療室）などの救急医療体制を維持していくには、一定の人口が必要になります。特に内陸部の庄原市や三次市は、人口が減少していく一方、広い地域をカバーしなければなりません（94～95ページ図「広島６区人口の推移」参照）。10年後、20年後の救急医療体制をどう維持するかという検討が急務です。

●広島県庄原市の総人口数一覧

年	人口(人)	増減(人)	増減(%)
1980年	53,506		
1985年	52,157	▲1,349	▲0
1990年	50,624	▲1,533	▲0
1995年	48,539	▲2,085	▲0
2000年	45,678	▲2,861	▲0
2005年	43,149	▲2,529	▲0
2010年	40,244	▲2,905	▲0
2015年	37,338	▲2,906	▲0
2020年	34,492	▲2,846	▲0

〈2020年の広島県庄原市の人口構成〉
年少人口　10.1%　3,467人
生産年齢人口　46.8%　16,126人
老年人口　43.2%　14,899人

●広島県神石高原町の総人口数一覧

年	人口(人)	増減(人)	増減(%)
1980年	15,732		
1985年	14,834	▲898	▲0
1990年	14,016	▲818	▲0
1995年	13,218	▲798	▲0
2000年	12,512	▲706	▲0
2005年	11,590	▲922	▲0
2010年	10,350	▲1,240	▲0
2015年	9,236	▲1,114	▲0
2020年	8,210	▲1,026	▲0

〈2020年の広島県神石高原町の人口構成〉
年少人口　7.9%　648人
生産年齢人口　41.4%　3,403人
老年人口　50.7%　4,159人

●広島県尾道市の総人口数一覧

年	人口(人)	増減(人)	増減(%)
1980年	180,901		
1985年	177,532	▲3,369	▲1
1990年	166,930	▲10,602	▲5
1995年	159,890	▲7,040	▲4
2000年	155,200	▲4,690	▲2
2005年	150,225	▲4,975	▲3
2010年	145,202	▲5,023	▲3
2015年	138,897	▲6,305	▲4
2020年	132,188	▲6,709	▲4

〈2020年の広島県尾道市の人口構成〉
年少人口　10.8%　14,277人
生産年齢人口　53.1%　70,185人
老年人口　36.1%　47,726人

●広島県府中市の総人口数一覧

年	人口(人)	増減(人)	増減(%)
1980年	56,209		
1985年	54,939	▲1,270	▲2
1990年	52,692	▲2,247	▲4
1995年	50,356	▲2,336	▲4
2000年	47,697	▲2,659	▲5
2005年	45,188	▲2,509	▲5
2010年	42,563	▲2,625	▲5
2015年	40,030	▲2,533	▲5
2020年	37,551	▲2,479	▲6

〈2020年の広島県府中市の人口構成〉
年少人口　10%　3,769人
生産年齢人口　51.4%　19,300人
老年人口　38.6%　14,482人

●広島６区人口の推移

●広島県三次市の総人口数一覧

年	人口(人)	増減(人)	増減(%)
1980年	63,582		
1985年	64,089	507	0
1990年	63,596	▲493	0
1995年	62,910	▲686	▲0
2000年	61,635	▲1,275	▲0
2005年	59,314	▲2,321	▲0
2010年	56,605	▲2,709	▲0
2015年	53,931	▲2,674	▲0
2020年	51,216	▲2,715	▲0

〈2020年の広島県三次市の人口構成〉
年少人口　12%　6,138人
生産年齢人口　50.8%　26,014人
老年人口　37.2%　19,064人

●広島県世羅町の総人口数一覧

年	人口(人)	増減(人)	増減(%)
1980年	22,483		
1985年	22,306	▲177	0
1990年	21,684	▲622	▲2
1995年	20,735	▲949	▲4
2000年	19,690	▲1,045	▲5
2005年	18,866	▲824	▲4
2010年	17,549	▲1,317	▲6
2015年	16,324	▲1,225	▲6
2020年	15,168	▲1,156	▲7

〈2020年の広島県世羅町の人口構成〉
年少人口　10.5%　1,587人
生産年齢人口　48.1%　7,292人
老年人口　41.5%　6,289人

●広島県三原市の総人口数一覧

年	人口(人)	増減(人)	増減(%)
1980年	109,236		
1985年	111,108	1,872	0
1990年	110,524	▲584	0
1995年	108,617	▲1,907	▲1
2000年	106,229	▲2,388	▲2
2005年	104,196	▲2,033	▲1
2010年	100,509	▲3,687	▲3
2015年	96,425	▲4,084	▲4
2020年	92,069	▲4,356	▲4

〈2020年の広島県三原市の人口構成〉
年少人口　12.6%　12,578人
生産年齢人口　58.9%　58,811人
老年人口　28.5%　28,509人

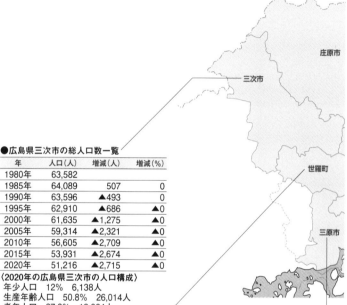

森林環境税を法制化……令和2年（2020）年度から開始

京都議定書とパリ協定

地球温暖化防止のために、京都で平成9年（1997年）に第3回気候変動枠組条約締約国会議で京都議定書が採択され、平成27年（2015年）に第21回気候変動枠組条約締約国会議がフランスで開催され、パリ協定が締結されました。どちらも地球温暖化の原因となる、温室効果ガスを削減するためです。京都議定書で、日本は、カナダ、ハンガリー、ポーランドと同様に、2008年から2012年までの期間中に、対1990年の数値でCO_2の排出量を6％削減することとしました。パリ協定では、温室効果ガス排出削減等のための「全ての国による取組」が実現しました。

森林環境税の創設を提案

京都議定書での6％のCO_2削減のうち3・7％分は、森林吸収に求める目標としましたが、「山は荒れ放題なっているのに、どうやって森林でCO_2の吸収をするのか」というのが私の意見です。「自動車などの産業界がガソリン税などの税金を取っているので、その予算の一部を森林へ回したほうが良いのではないか」と主張しました。

ところが、誰にも相手にしてもらえなかったのです。それでも言い続けてきました。特に、年末に例年開催される自民党税制調査会などで主張してきました。年に1回、税のことを議論する場があるのです。その場で、「森林税を作って山をきれいにしなかったら、京都議定書の3・7％は実現できませんよ」と6年間言い続けました。すると税制調査会の幹部は、「CO_2削減目標の3・7％分の森林吸収ができないのは困るし、他の予算を削るのも困る」と言いだしました。「それじゃあ森林環境税を作ろう」となったのです。

新税ですから、私たちが簡単に税金と言っても、有権者は「この野郎、税金を増やしやがった」と思うでしょう。そこは自民党本部の先輩方というのは知恵があるものです。現在、東日本大震災の復興税をいただいていますが、2025年に終わる予定です。「今現在ある復興税をそのまま残して、それを今度は森林環境税に切り替えましょう」というような知恵を出したわけです。だから「これ以上国民の方々の腹は痛まないのですけれども、その金を今度は県を通さず市町村にじかに配って、市町村が山の整備を進めていくようにしよう。それは森林組合に頼んでもいいし、市町村独自でやってもいいし、民間林業者に頼んでもいいですよ。それは市町村がやっていくものですよ」ということで森林環境税を法制化しました。

同時期に、菅首相が「2030年の温室効果ガス目標 2013年度比46%削減」を表明しました。そしてまた「集中豪雨、森林火災、大雪など、世界各地で異常気象が発生する中、脱炭素化は待ったなしの課題だ。同時に、気候変動への対応は、わが国経済を力強く成長させる原動力になるという思いで『２０５０年カーボンニュートラル』を宣言し、成長戦略の柱として取り組みを進めていく」とも述べました。

その目標を達成しようと思えばどうしても森林による吸収源が必要です。私は時代的には時宜を得た仕事だったと思っています。

木材の使用促進で森の整備とCO_2削減の好循環を

林野庁は、木を作ることが主体で、木を使うのは国土交通省です。だから、林野庁と国土交通省が、しっかりと手を結んでもらって、川上の農林業者、川中の製材業者と資材業者、川下の建築業者が一気通貫で進めていけるようにしないといけない、今まではパイプが詰まっていて、ほとんど連携がなかったのです。これからは川上、川中、川下の業者から木材を使う消費者まで一気通貫で行きます。

林野庁も国土交通省も本気で取り組んでくれています。「森林《もり》を活かす都市《まち》の木造化推進議員連盟」を設立し、会員が１００名以上います。そして業界も協会を作り、議員がこれを応援する。また業者も連携する、各省庁も応援するということで前を向いています。民間建築物を含む木材利用推進のための法律も、今年の第２０４回通常国会で改正法は成立し、10月１日に施行されます。今までは、公的な建築で木材の利用を推進していましたが、民間にも広げていこうという法律に変えました。

ビルディングといえば鉄骨とかコンクリートと思っているでしょう。ところが、カナダ、ヨーロッパ、アメリカなど先進諸国は、純木造で高層ビルがどんどんできています。「木を使いましょう」というのは、世界的に進んでいます。日本も進めていくので、日本も国産材を使って、そして植えて森林をきれいにしていきます。木だって古くなっているので、戦後75年以上経っている今、木の循環が大切です。森林環境税で、森林の多い市町村が木を植えて、若木はCO_2などの温室効果ガスを吸って分解して酸素を出します。

このように、地球温暖化対策のために、温室効果ガスの削減と森林環境改善の良い循環を作っていかなければなりません。

●各国別の温室効果ガス排出量シェア（2016年）
（日本は2.7%）

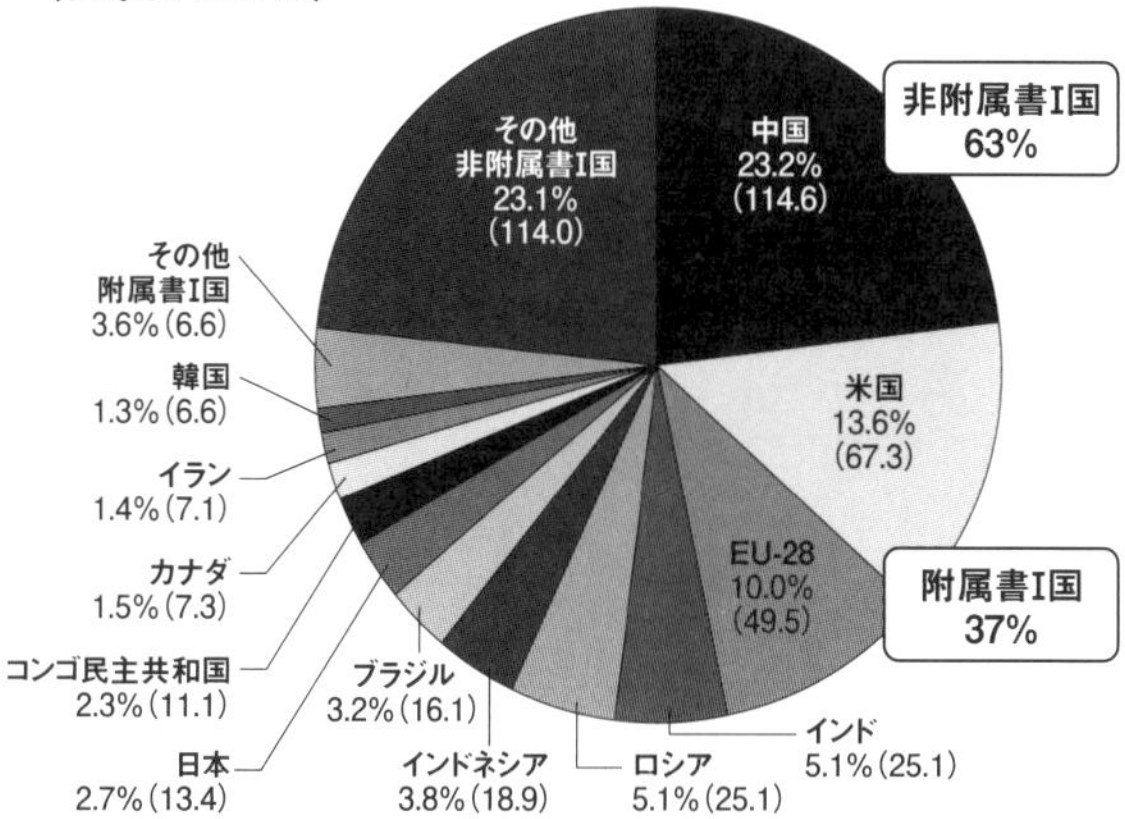

2017年のパリ協定では、途上国を含む全ての参加国と地域に、2020年以降の「温室効果ガス削減・抑制目標」を定めることを求めている。

優れた断熱性能と高い耐火性能
木の熱伝導率はコンクリートの1/10、鉄の1/350ほどとされて高い断熱性能を秘めている。建物の構造体部分から熱を逃さず、室内を冬は暖かく、夏は涼しくしてくれる。

高い耐火性能の木材使用による木造建築のビル

新型コロナウイルスに対するワクチンに関して

２０２０年の年初、中国武漢市でのニュースが毎日テレビで報道されていた当時、私は厚生労働大臣政務官をしていましたから、加藤厚生労働大臣のもとで、新型コロナウイルス禍への対応で連日連夜対応に追われたことは既に述べました。

ワクチン対応の話をしますと、２０２０年の6月か7月ごろのことですが、アメリカのファイザー、モデルナ、それからイギリスのアストラゼネカの3社と交渉し、2億９０００万回分のワクチンの仮契約をしました。その時に、私たちは「これで安心」と思ってホッとしていましたが、新しく菅義偉内閣総理大臣になった２０２１年1月までずっと仮契約のままでした。そのことを菅総理が知って、「正式契約にしなければいけない」というので本契約しました。

マスコミが騒いで、「早くワクチンを」と言っても、欧米のほうが感染者の死亡率が高い中で、欧米の製薬会社が日本に優先的にワクチンを回す余力はなく難しかったのでしょう。

一方、国内でも、厚生労働省が、副作用をとても気にする省庁であることが仇となりました。以前の、薬害エイズ事件は、全血友病患者の約４割にあたる１８００人がＨＩＶに感染し、多数のＨＩＶ感染者およびエイズ患者を生み出し、平成元年（１９８９年）に損害賠償を求める民事訴訟が起こされました。うち約４００人以上がすでに死亡したといわれ、副作用の怖さも経験し、そのため薬害・副作用に対してとても注意深く気にする省庁なのです。

ファイザーにしてもモデルナにしてもアストラゼネカにしても、ワクチンが果たしてどのくらい効くものか、２０２０年4月〜6月当時は、分からなかったのです。だから、「大丈夫かな」と思いながら、「でも契約しなければ、いざという時に困る」からという理由で仮契約になりました。

結局、そのまま仮契約状態でしたから、ワクチンの入荷が2カ月ぐらい遅れてしまいました。アメリカは、日本に比べて、予想以上に患者や死亡事例が増えたことに加え、ワクチンを作っているのだから自国優先で使用するのは当然です。イギリスだって同じです。その分、日本にワクチンの入荷が遅れた事実があります。それが良かったかどうか、正しかったかどうかは、新型コロナウイルス禍が落ち着いて、何年もたってから判明することでしょう。

人生100年時代に向けた全世代型の社会保障

人生100年時代構想

『一億総活躍社会実現、その本丸は人づくり。子供たちの誰もが経済事情にかかわらず夢に向かって頑張ることができる社会。いくつになっても学び直しができ、新しいことにチャレンジできる社会。人生100年時代を見据えた経済社会の在り方を構想していきます。』

これは、首相官邸ホームページの『人生100年時代構想』の冒頭に書かれ、随所で安倍前総理そして菅現総理も繰り返し語っているフレーズです。日本人の平均寿命の大規模な統計が取り始められたのは意外に最近で、終戦直後の昭和22年（1947年）でした。その時の日本人の平均寿命は、男性50・1歳、女性は54・0歳です。私がこの世に生を受けた年代には還暦を迎えると男性でも女性でも「長寿」と言われ、古稀の70歳を迎えられる人はほんの一握りだったであろうことをデータが物語っています。僅か70数年で、男女ともに平均寿命は80歳を優に超え、世界一の長寿大国と呼ばれるようになって久しくなりました。そして毎年9月の敬老の日の頃発表される満100歳以上の方の数も年々増加し、令和2年（2020年）9月1日には初めて8万人を突破し、8万450人を記録しました。医学が進み、健康意識が高まると同時に、食事や運動に気を遣う国民が増え「人生100年」を謳歌できる方が珍しくなくなる日も近いと思われます。

人生100年、超長寿社会を迎える中で、国民の皆さまお一人お一人の長い人生、それぞれの方が、いかに活力をもって活動し、ただ長生きをするだけではなく、生きがいを実感しながら元気で長生きをするための国の政策や制度と社会システム構築を、どのようにすべきか熟考し、充分な議論をし、最善の結果を導き出す、それが我々政治家に課せられた務めであることは言うまでもありません。

平均寿命が50歳そこそこだった終戦直後以降、日本では国民皆保険制度、国民皆年金制度などの社会保障改革が進み、高度経済成長期を迎えました。朝鮮戦争による特需景気という棚ぼた式の好機もあり、昭和31年（１９５６年）には経済白書で「もはや戦後ではない」と謳われるほど急速に経済が回復し、昭和35年（１９６０年）には広島県出身の池田勇人総理が「所得倍増計画」を提唱しました。計画では１９６１年からの10年間に実質国民総生産を26兆円にまで倍増させることを目標に掲げていたものが、実際には計画以上の成長を遂げる急成長ぶりを示したのは誇るべき日本人の叡智と努力と忍耐の結晶です。そして、それに比例するかのように平均寿命も驚異的に高くなってきたのです。21世紀の幕開けから既に20年以上、新たな総合的改革が今まさに求められています。

つい最近までは、「20年学び、40年働き、20年休む」人生を80年と見立てた設計が一般的でした。要するに人の一生を「教育・仕事・老後」の３段階に分け、「人生80年」を拠りどころとして語られてきたのです。ところが、

100歳まで生きることが一般化する社会では、年齢による区切り、区分けは無意味となり、学び直しや転職、長期休暇の取得など、人生の選択肢が多様化すると予想され、期待されます。

戦後76年。これからは、この76年を振り返り、「新しい人生100年時代」の経済社会システムを作っていかねばなりません。政府は一丸となって新改革に取り組んでいます。まさに、この取り組みに日本の将来がかかっているといっても過言ではありません。

私自身、一度は東京で職に就きながら、家庭の事情で帰郷し再就職をした経験を持ちます。私たちの年代は「終身雇用・年功序列賃金」が労働体系の代名詞で、初職からそのまま30数年同じ職場で働いて定年を迎えた同期が確かに多くいました。退職を経験された方が、私のようにスムーズに中途採用の枠に入れるのは稀でした。しかし、現在では一度も退職を経験したことがない男性は30代後半で42％、40代で38％、50代前半で36％に過ぎないという公式データもあり、若年層の半数以上が、現在または将来的に転職したい希望を持っているといわれています。

種々の多様性が求められる中で、職場に直接活かせるような教育内容を確立させたり、教育の無償化や負担軽減策を徹底するなど環境を整え、俯瞰しつつ推進すべきだと考えます。それが、究極において、企業の業績向上、個々の労働者の勤労意欲、やりがいの実感につながり、ウィン・ウィンの関係が構築できるのではないかと思います。

なお、政府の「人生100年時代構想会議」が2018年6月に発表した「人づくり革命 基本構想」の基本的な考え方を要約してみます。

「人づくり革命 基本構想」

我が国は、健康寿命が世界一の長寿社会を迎えており、今後の更なる健康寿命の延伸も期待されます。こうした人生100年時代には、高齢者から若者まで、全ての国民に活躍の場があり、全ての人が元気に活躍し続けられる社会、安心して暮らすことのできる社会をつくる必要があります。

「人づくり革命」では、第一に、幼児教育無償化を一気に加速する。

第二に、子育て安心プランの前倒しと、保育士の処遇改善。

第三に、真に支援を必要とする子供達に高等教育の一部無償化や給付型奨学金の拡充などを行う。

第四に、若者もお年寄も安心できる全世代型の社会保障制度と共に介護職員の処遇改善。

第五に、家庭の経済状況にかかわらず幅広く教育を受けられる制度。

第六に、何歳になっても学び直し、職場復帰・転職が可能となるリカレント教育の拡充。

第七に、国公私立を問わず大学改革を進める。

第八に、日本を誰にでもチャンスあふれる国へと変え、これまでの画一的な発想にとらわれない人づくり革命の断行要するに、人生１００年時代構想会議が取りまとめたこの基本構想では、かつては想像すらされなかった人口減と急激な高齢化に直面する日本にとって、今後重要な鍵を握るのが「人づくり革命」だと掲げ、結論付けています。「国立社会保障・人口問題研究所」の人口推計では２０６５年の日本の人口は８８０８万人まで減少し、その時65歳以上の高齢化率は38・４％まで膨らむと報告されています。ややもすると、予想をはるかに上回る速さでその数値に辿り着くかも知れません。高齢化率が加速するのに反比例して、一人の女性が一生の間に出産する子供の推定人数を表す「合計特殊出生率」は、私が生まれた１９５０年（昭和25年）には３・65人であったものが、令和の御代《みだい》では１・36人という驚愕の数値を示しています。これは、若者の減少を如実に表し、それを改善しなくては生産力の落ち込みを回避することが難しくなることを意味します。

働き盛りは当然として、若者から高齢者まで全世代に幅広く、積極的な人材投資を行って、生産力向上を図らなくては、経済の好循環を持続することはできません。基本構想はこのような現実や今後の見通しに対して強靭な指針を示し、実行していくものです。幼児教育・高等教育の無償化は、何かと援助が後回しにされてきた若年層をもつ家庭の負担軽減になり、再教育（リカレント教育）の推進も幅広い労働者や専業主婦、再就職待機者等々の就業支援に結び付くものと期待しています。

第5章　安心・安全とロマンある広島6区

平成30年7月の豪雨災害の復旧と復興

多くなった想定外の大雨

私の子供の頃は、学校の入学式にあわせて桜の花が咲いていることが多かったので、桜の木の下で記念写真を撮った記憶がある人も多いのではないでしょうか。今は桜の花が早くに散ってしまって、桜の花が満開の下の記念写真も撮りにくくなってきました。昔より気温が上昇しているために、桜の開花が早まっています。

平成30年（2018年）の7月豪雨で、広島県の被害は死者115名、行方不明者5名、住宅の被害も多く、全壊1150件、半壊3602件で、我が選挙区の広島6区でも被害が多くでました。

三原市の米山寺《べいさんじ》にある戦国武将・小早川隆景ら小早川家の墓所も土砂崩れ

に巻き込まれ、国重要文化財の宝篋印塔《ほうきょう》（高さ2・5メートル）を含め、20基のうち15基が埋没してしまいました。米山寺は平安時代の創建とされ、三原を治めた小早川家の菩提寺《ぼだい》。初代の土肥実平から、毛利元就の三男で三原城を築いた17代の小早川隆景までの墓があります。墓所の裏山が30メートル以上にわたって崩れ、倒れた樹木とともに大量の土砂が流れ込みました。住職の垣井賢祥さんは「何百年と裏山は崩れることがなかったのに……」とコメントしています。

今まで、経験のないほどの大雨で浸水したり、何百年も土砂崩れがなかった場所でも被害が起きたりしています。温暖化によって、想定外の大雨による災害が増えると言われています。今後も豪雨災害は増える傾向にありますので、十分な注意が必要です。

●日本の年平均気温偏差の経年変化（1898年～2019年）

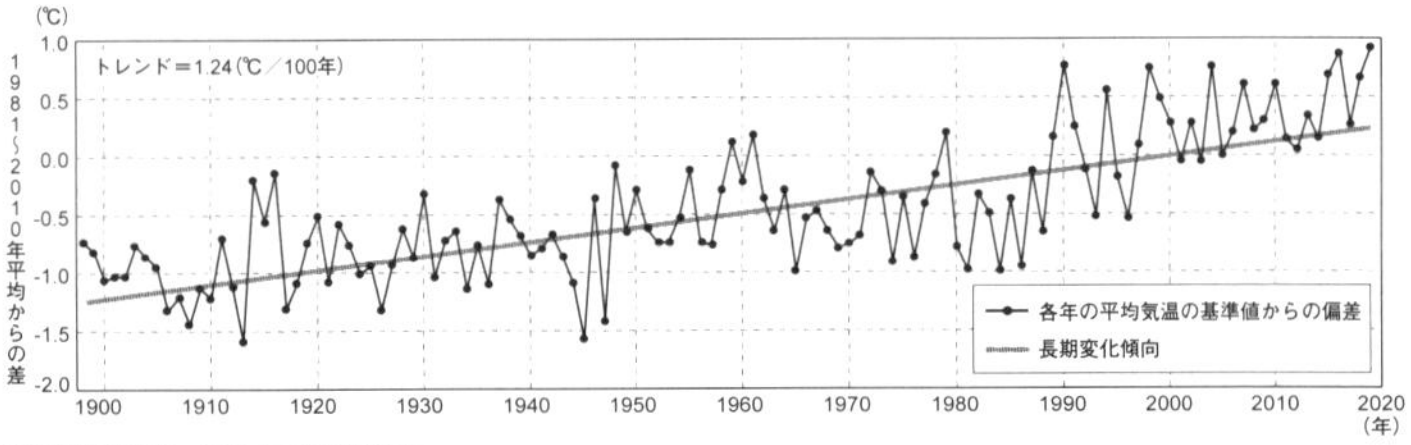

基準値は 1981 年～ 2010 年の 30 年平均値

地球温暖化により100年で1.24度程度、日本の平均気温が上昇していると考えられる。

●主な都市におけるさくらの開花日の比較

〈1961 年～ 1990 年の平均値と平年値（1981 年～ 2010 年）とを比較し、平年値から 1990 年までの平均値を引いた日数の差を示す〉

	30年平均値（1961-1990年）	平年値（1981-2010年）	差		30年平均値（1961-1990年）	平年値（1981-2010年）	差
釧路	5月19日	5月17日	2日早い	大阪	4月1日	3月28日	4日早い
札幌	5月5日	5月3日	2日早い	広島	3月31日	3月27日	4日早い
青森	4月27日	4月24日	3日早い	高松	3月31日	3月28日	3日早い
仙台	4月14日	4月11日	3日早い	福岡	3月28日	3月23日	5日早い
新潟	4月13日	4月9日	4日早い	鹿児島	3月27日	3月26日	1日早い
東京	3月29日	3月26日	3日早い	那覇	1月16日	1月18日	2日遅い
名古屋	3月30日	3月26日	4日早い	石垣島	1月15日	1月16日	1日遅い

日本の各地で桜の開花が早くなっていて、広島でも30年前より4日ほど桜が早く咲いている。

●アメダスによる1時間降水量50mm以上の年間発生回数（1976年～2019年）

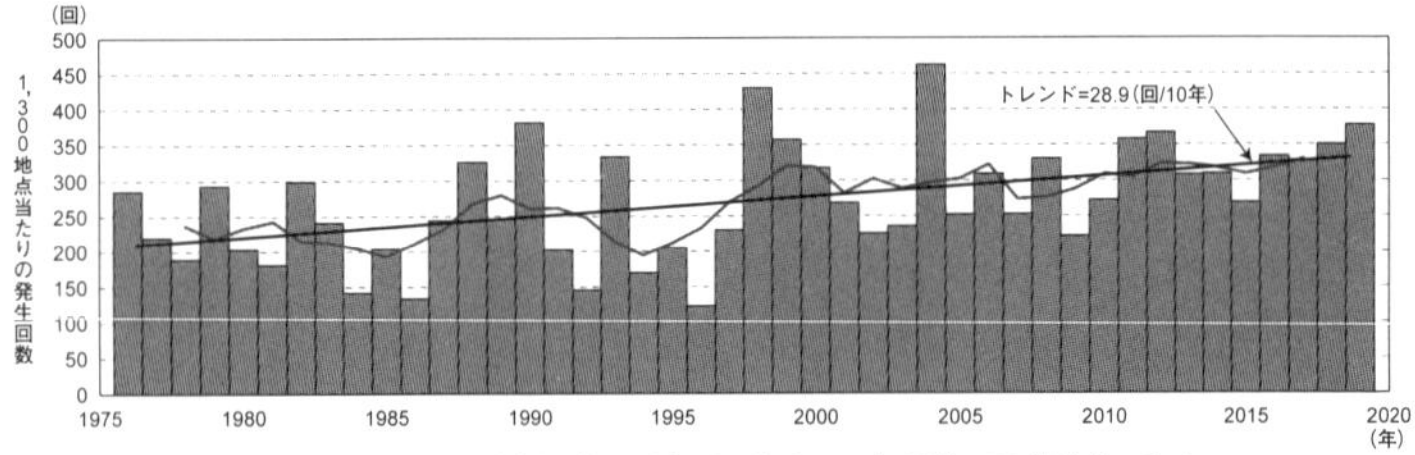

（注）1　解析に用いたアメダスの地点数は 1976 年当初は約 800 地点であったが、2019 年では約 1,300 地点となっている。
2　棒グラフは年間発生回数（全国のアメダスによる観測値を 1,300 地点当たりに換算した値）を示す。太線は 5 年移動平均値、直線は長期変化傾向（平均的な変化傾向）を示す。

50年前と比較すると大雨が降る回数が増えている。

資料：気象庁

広島6区の豪雨災害

平成30年7月の西日本豪雨災害は大変な被害をもたらしました。私も今までこのような災害に遭ったこともないし見たこともありません。広島６区でも近年稀に見るとても大きな災害でした。主にこの選挙区の全体的な被害としては、三原、尾道市の22万人に供給する上水道設備が完全に水に浸かり、復旧するまで10日間にわたり、断水が続きました。

また因島、尾道や府中市等では山崩れが起こり、貴い人命が失われました。そして三次市では、江の川の近くの三次市総合卸センターの一帯が冠水に遭い、大変な被害となっていました。神石高原町では、広域農道も壊れ、田畑や河川も大変な被害が出ていました。三和町《みわちょう》や三和町《さんわちょう》、そして東城町、西城町など、広島６区のほとんどの市と町に赴き、被害の状況を視察しました。市や町、そして県が協力し合い、その上で国ともしっかり連携しなければ、早い復旧は望めません。災害復旧には大変な時間がかかります。何としても一日も早く災害の復旧が完全に完了できるように、被害に遭われた方々の意見を聴きながら引き続き努力をしなければならないのです。私たち政権与党は減災・防災・国土強靭化をかかげ強くてしなやかな国を作るための平成30年の豪雨災害以来三ヶ年緊急対策として7兆円の予算を組み実行しました。また今は2021年から5ヶ年計画で15兆円の予算を組み国土強靭化に取り組んでいます。

取水場水没による広域断水と島諸部の安全対策

平成30年7月の西日本豪雨災害では、沼田川の氾濫《はんらん》で三原市本郷南にある県の本郷取水場が水没し、三原市や尾道市など4市1町に水が送れない状況が発生しました。尾道、三原市における断水で、約22万人もの方々に、水道水の供給ができなくなりました。取水場を管理する「水みらい広島」本郷事務所の原田正士所長は「過去の氾濫を踏まえて防水門扉を設けている。それをのり越えるとは全く予期できなかった」と回答しています。

加藤勝信厚生労働大臣と現場の視察に行ってみると、川の水が入ったために、どろどろの土がたまっていて、約10日間、電気もなく水の供給が止まりました。

特に思い出すのは、三原市の佐木島にお住まいの方からの「我々を見殺しにするのか」という電話です。何が起きているか分からず私も慌てたのを覚えています。早速、庄原市、三次市の市長さんに「給水車は余ってないか」と問い合わせ、幸いにして両市から給水車の提供をしていただきました。さらに島根県庁まで電話をして給水車の要請をしました、こちらも幸いにして浜田市と雲南市から給水車を借りることができました。尾道市長、三原市長に連絡をし、提供いただいた給水車で水を届けることができました。

また、しまなみ海道の島々の給水ですが、向島町や向東町そして因島も断水してしまいました。ただ、本州四国連絡橋公団（本四公団）は因島から尾道まで橋を通って水を取りに行く、これは無料でしたけれども、因島から向島に水をくみに行くのは有料と、誠に変な状況もありました。今後、このような災害の場合、「しまなみ海道の災害時の優遇措置等の的確な対応」を国政にお願いをしています。他県にまたがるしまなみ海道の諸島における災害対応の難しさも経験しました。

しまなみ海道には、尾道市だけでも約33万人（2019年度）もの外国人観光客を迎えています。今後、観光客を含めた災害時の食料や水などの安全対策は早急な課題だと思われます。

◀加藤勝信厚生労働大臣と被災地の状況を調査

浸水し泥がたまった三原市「本郷取水場」▶

●本郷取水場の送水ポンプ設備の復旧についての対応

7月 7日	6時00分	本郷取水場内に氾濫した沼田川の水が入ってきたため、送水ポンプを停止
	13時35分	沼田川用水・福山市水連絡管を活用し、福山市及び尾道市（浦崎地区）に給水開始
8日	17時00分	本郷取水場内に流入した濁水をポンプ車で場外排水
9日	17時50分	冠水した送水ポンプ等の点検清掃を実施
10日	19時30分	送水ポンプの電動機の分解整備を行うため、メーカーの呉の工場に搬入
10日		休止していた西藤取水場（尾道市）の設備点検等を行い、尾道市に1日当たり6000立方メートルの送水を開始
11日		メーカー工場内で送水ポンプの分解整備及び本郷取水場の受電設備の工事に着手
13日		受電設備の復旧工事完了
14日		送水ポンプの電動機（1台）を本郷取水場に搬入し、組立据付後、試運転を実施。通常2台で運転している送水ポンプのうち1台の運転を再開し、17時15分から県営浄水場等（三原市、尾道市）へ送水を一部再開（通常時の約50%）するとともに、送水管の充排水作業に着手
15日		メーカー工場内で送水ポンプの電動機（2台目）の分解整備を実施。送水管の充排水作業を継続
16日		17時に本郷取水場から送水ポンプ2台で県営浄水場等（三原市、尾道市）へ送水を開始
17日		全ての工水ユーザー23者（三原市、尾道市、福山市、竹原市）への送水開始
18日		三原市（本郷町）及び東広島市（河内町）へ送水を開始
19日～		送水状況の点検確認を実施

●広島県の被害申請

県内各市町における水道施設の被災状況について、7月24日に厚生労働省へ報告したのは以下の通り。

【各水道施設の被害額（合計：3,709,861千円、13水道事業者）】

・取水施設：650,814千円（5事業者）、貯水施設：17,400千円（1事業者）、導水施設：30,000千円（1事業者）、浄水施設：143,585千円（5事業者）、送水施設：239,550千円（4事業者）、配水施設：2,628,512千円（10事業者）

※被害額は、7月24日時点のもの
※水道事業者数は、各施設に重複がある。

資料：平成30年7月豪雨災害に関する災害応急対応に係る県の取組より

●昭和以降の広島県の水害

年		月日	被害内容
1928	昭和3	6-24	県西部を中心に豪雨。死者8人，家屋全壊19戸同半壊60 戸，同流失61 戸，同浸水4401 戸。
1934	昭和9	9-21	室戸台風で関西に大被害。県内では死者12人，行方不明2人，家屋全壊425戸，同半壊265戸，同流失14戸。
1935	昭和10	6-27	豪雨により各地で出水（～30)。死者7人，行方不明1人，家屋全壊26戸，同半壊74戸，同流失12戸，床上浸水148戸，床下浸水2703戸。
1941	昭和16	6-25	前線停滞し県西部を中心に豪雨（～29)。死者11 人，行方不明1人，堤防決壊71ヵ所，田畑冠水5731 町。
1942	昭和17	8-27	台風による暴風雨と高潮により大被害。死者24人，行方不明155人，家屋全壊1159戸，同半壊218戸，同浸水4万3020 戸，船舶流失沈没473隻。
1943	昭和18	7-21	台風通過に伴う豪雨（～25）で大被害。広島の総雨量498ミリ。死者46人，家屋全壊157戸，同半壊175戸，同流失15戸，床上浸水1846戸，田畑流失埋没185 町，同冠水6192 町。
		9-20	台風通過による暴風雨で大被害。死者39人，行方不明8人，家屋全壊471戸，同半壊754 戸，同流失459戸，床上浸水1万6128戸，田畑流失埋没737町，同冠水3万2811 町。
1945	昭和20	9-17	枕崎台風で大被害。死者1229人，行方不明783 人，家屋全壊2127戸，同流失1330戸，床上浸水2万4168戸，床下浸水2万8359戸，堤防決壊1252ヵ所，田畑流失埋没3875町，同冠水1万651町。
		10-10	阿久根台風により被害。死者11人，行方不明1人。田畑流失7363町，同冠水2万2255町。

1950	昭和25	9-14	キジア台風により暴風雨・高潮被害。死者1人，床上浸水4592戸，床下浸水2万3505 戸。
1951	昭和26	10-15	ルース台風により暴風雨・高潮被害。死者30 人，行方不明102人，家屋全壊378 戸，同半壊639戸，同流失 218戸，床上浸水2329戸，床下浸水1万6834 戸。
1959	昭和34	9-26	伊勢湾台風来襲。
1965	昭和40	6-18	台風にともない大雨（～21）。三篠川氾濫し高陽町一帯大洪水。床下浸水8749棟。
1967	昭和42	7- 8	大雨。呉市など沿岸部で死者159人，負傷者231 人，全壊家屋532 戸など。
1972	昭和47	7-11	豪雨により県内全域で河川氾濫やがけ崩れが発生。県北を中心に死者・行方不明者39人，全壊・半壊2520戸。
1988	昭和63	7-20～21	県北西部に局地的な大雨。土石流が発生し，死者14人，家屋全壊・半壊58 戸など。
1991	平成 3	9-27	台風19号。死者・行方不明6人，家屋全壊・半壊492戸など。
1999	平成11	6-29	豪雨。死者・行方不明32人，家屋全壊・半壊169 戸など。

海洋国家の造船業を復活

造船業の再生

私の選挙区広島６区は、三原・尾道の瀬戸内海側は造船業、府中は被服や自動車部品・建設・工作機械器具などの製造業、世羅・神石高原町・庄原・三次は農林業と、日本の縮図のようなところです。海洋国家である日本は１９７０〜８０年代にかけて、世界の造船産業の中心でした。日本の中でも瀬戸内海沿岸には造船産業が多く、世界をリードしていました。

船舶の製造は、自動車と同様に総合産業です。鉄を多く使い、電気製品、木工製品などを使い、レーダーや無線機などが実用化されてきました。設計技術は自動車や航空機にも応用されてきました。

令和２年（２０２０年）２月に呉市にある日本製鉄呉製鉄所の閉鎖が決

定しました。前身は、戦艦『大和』が建造された「海軍工廠」で、その中に製鋼部が創られたところです。この跡地に、終戦から6年後の昭和26年（1951年）に建設されました。造船業がかつてのようににぎわいを見せていたなら、呉製鉄所の閉鎖の決定もなかったことでしょう。

造船は韓国が2兆円を大宇造船へ支援しています。中国も政府がそれなりに応援してます。両国とも国策会社での国営企業になっています。日本は、今回造船法を変え、海運法も変えました。要するに船というのはシリーズで受注するものです（6隻ぐらい一度に発注しています）。ところが、日本の造船はばらばらでした。だから今度は「一緒にチームを組んでください。シリーズ受注のためのコストの削減に対して支援し、2社が連携して設計することも支援します」そのように改正されました。「LNG燃料船とか液化水素船など、いわゆる脱炭素的な環境対策の船については2兆円の基金を使いましょう、応援しますよ」と奨励し、「自動操舵船もどうぞ研究してください」ということになりました。環境対策の船に関しては今治造船とジャパン・マリンユナイテッド（ＪＭＵ）の２社が組んでやっています。それから常石造船と岡山の三井造船とが組んでやっています。そうやって今は造船関係も一生懸命コストを下げて韓国や中国の船と勝負しようとしています。

戦後そうだったように、「造船所やドックが元気になれば日本が元気になる」と思えるのです。

●受注シェアにおける日本の損害

市場船価が下落するとともに、日本のシェアが減少。

国別の受注シェアの推移

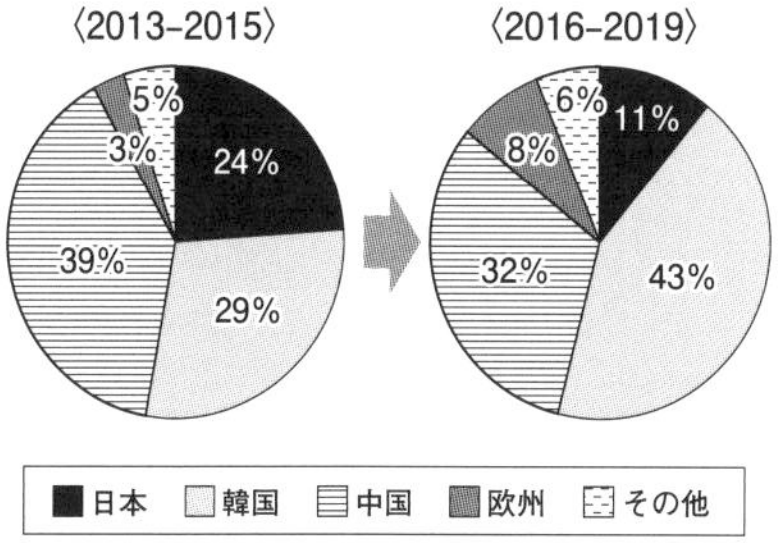

●市町村別、造船関連産業の就業者の多い市町村（2006年）

造船関連産業の規模（従業者ベース）

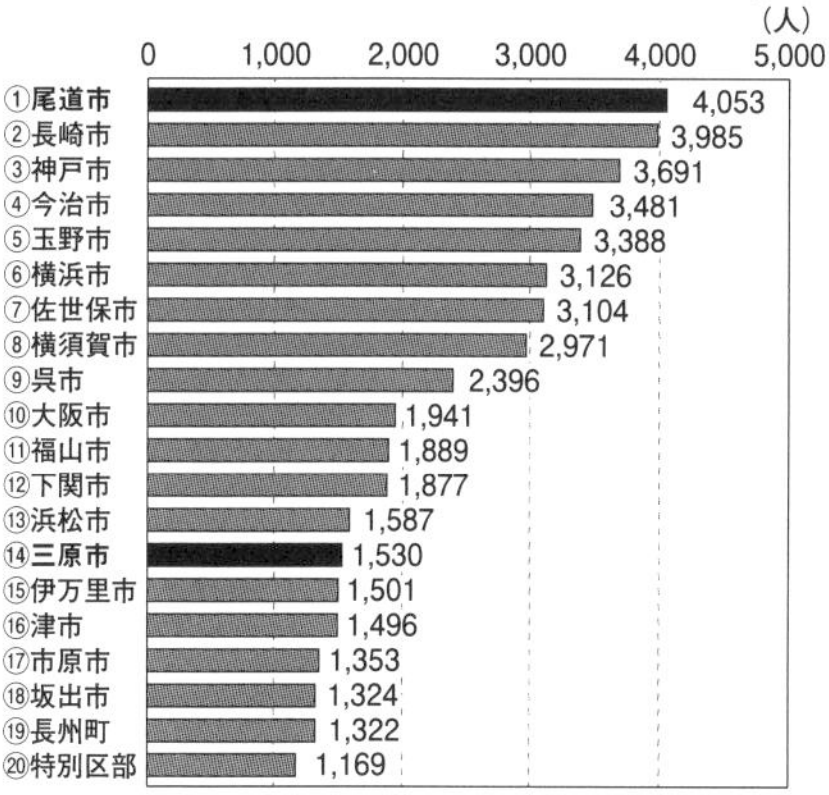

資料:2006年事業所・企業統計（産業小分類）、1,000人以上を表示

●世界新造船市場（概要）

リーマンショック（2008年秋）後、世界の新造船受注量は激減し、建造（竣工）量はリーマンショック前の受注船がほぼ竣工した2011年をピークに大きく落ち込んでいる。

世界の新造船業建造量の推移

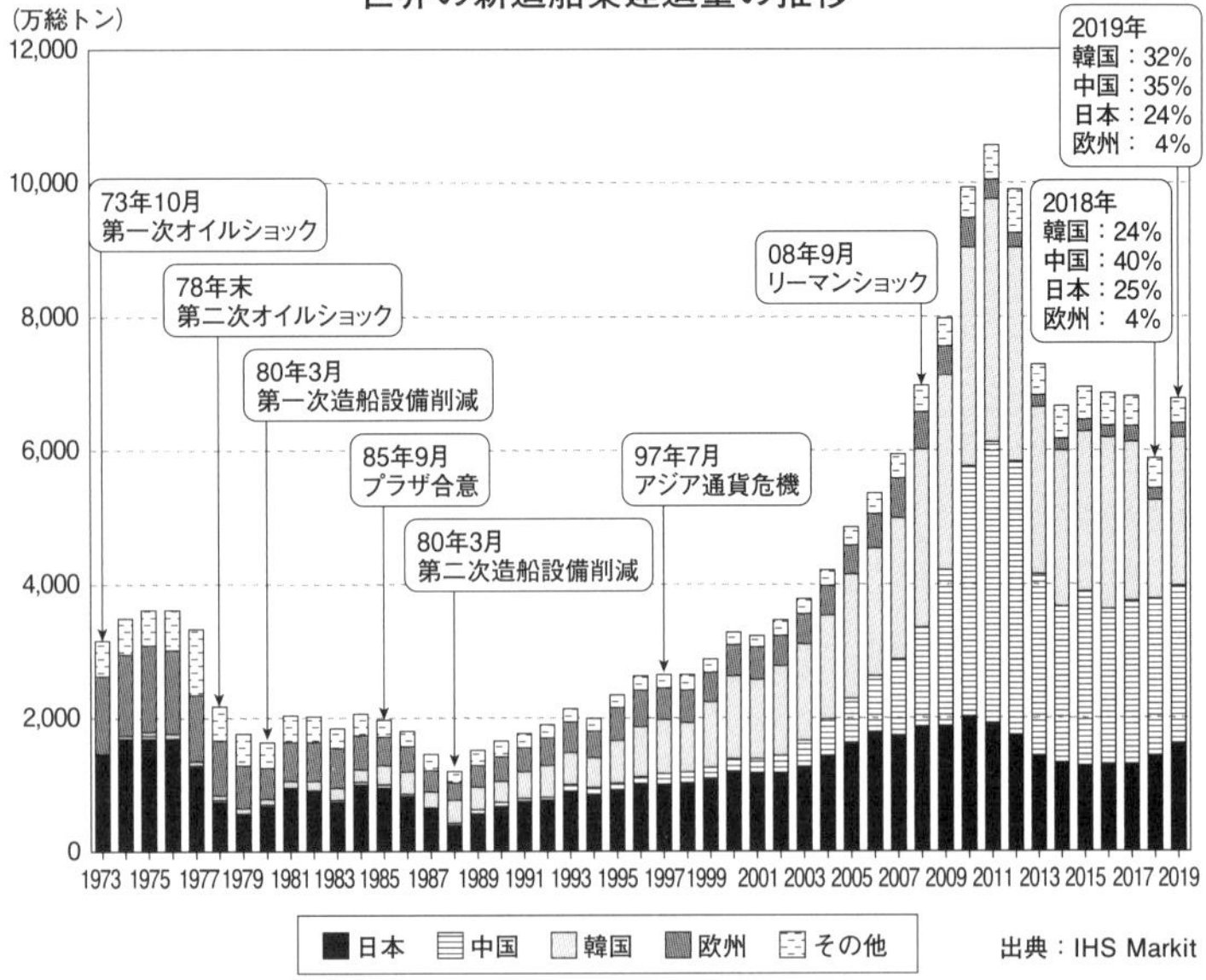

出典：IHS Markit

ミッシングリンクの解消により、中国地方の災害対応の迅速化と地域の活性化を目指す

ミッシングリンク（Missing-link）とは、未整備のまま途中で途切れている道路網の区間のことを指します。その解消は喫緊の課題です。広島県内はもちろん、中国地方の随所に改善が急がれる箇所がたくさんあります。

近年連続して、「数十年、或いは数百年に一度の豪雨」、「想定外の暴風」、「記録的な大雪」などと表現される異常気象で洪水、河川の氾濫、土手の決壊、山地崩壊等が頻発し、一本しかない被災地域へつながる道路が崩れたり、土砂崩れや倒木などで寸断され食糧、医薬品、生活物資などの必需品の搬入ができない孤立地区が生じる惨事も続出しています。

中国地方には東西を結ぶ山陽自動車道と中国自動車道の２本の縦貫高速道路があります。山陽道は、兵庫県から、岡山県、広島県の南部地域を結んで山口県下関市まで続き、中国道は大阪府から山間部を縦貫して、同じく下関

高規格道路指定路線図

凡例

路線表示区分		表示方法	備考
高規格幹線道路		——	供用及び整備計画区間（事業中区間を含む）
		□□□□	基本計画及び予定路線区間
広域道路	広域道路（交流促進型）	——	本線のトラフィック機能確保のため、整備の目標として特に構造上の強化を図ろうとする道路
	広域道路（地域形成型）		沿道からアクセス性に配慮した道路（一般国道についてのみ表示）
	検討区間	□□□□	路線構造について今後検討する区間

第二種空港　第三種空港　その他飛行場

特定重要港湾　重要港湾

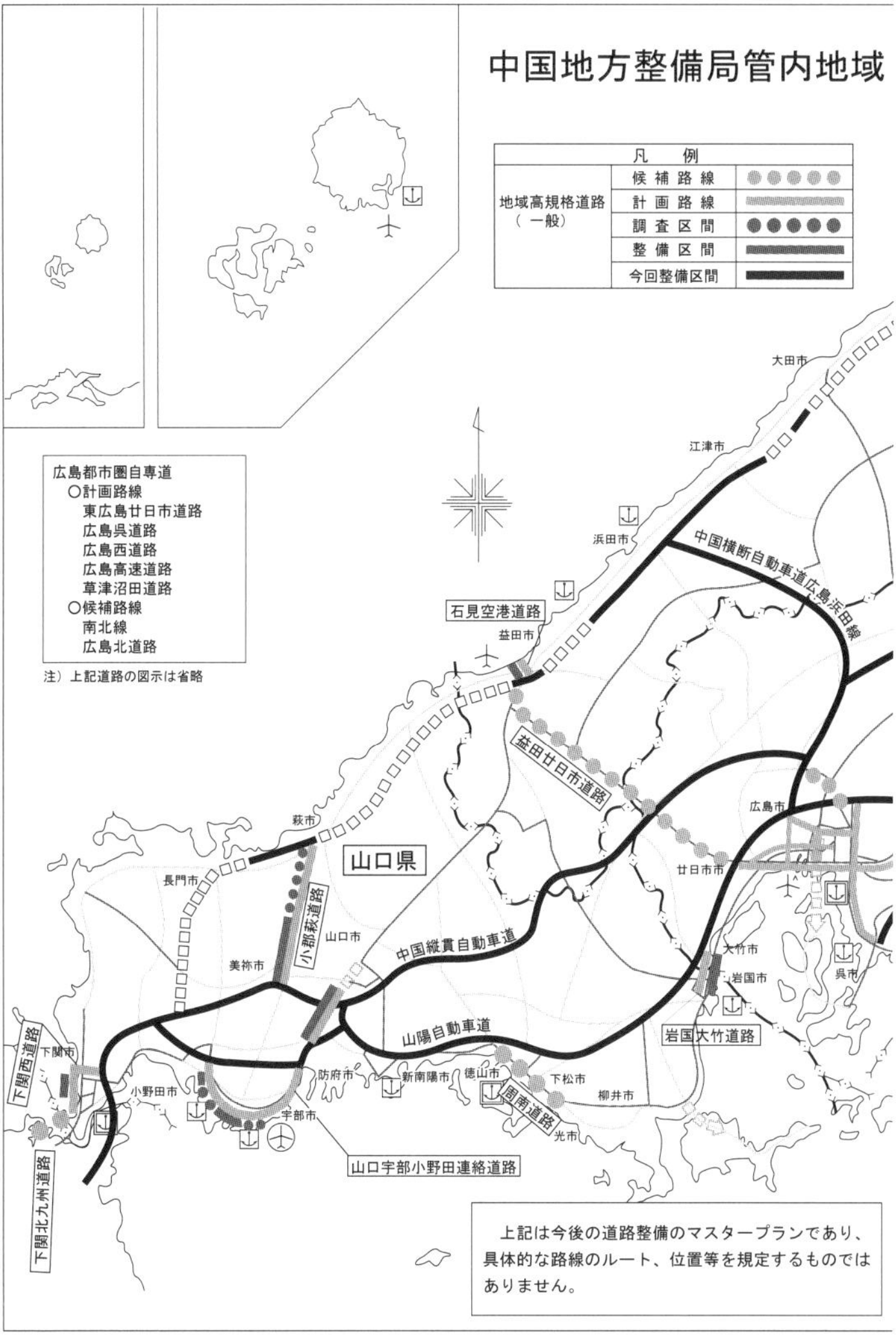
中国地方整備局管内地域
凡　例
地域高規格道路（一般）
候補路線
計画路線
調査区間
整備区間
今回整備区間
広島都市圏自専道
○計画路線
東広島廿日市道路
広島呉道路
広島西道路
広島高速道路
草津沼田道路
○候補路線
南北線
広島北道路
注）上記道路の図示は省略
大田市
江津市
浜田市
中国横断自動車道広島浜田線
石見空港道路
益田市
益田廿日市道路
萩市
山口県
長門市
小郡萩道路
山口市
美祢市
中国縦貫自動車道
広島市
廿日市市
大竹市
岩国市
呉市
山陽自動車道
岩国大竹道路
下関西道路
下関市
小野田市
防府市
新南陽市
徳山市
下松市
柳井市
周南道路
宇部市
光市
山口宇部小野田連絡道路
下関北九州道路
上記は今後の道路整備のマスタープランであり、具体的な路線のルート、位置等を規定するものではありません。

まで続き、その2本の高速道路は途中、「岡山米子線」、「尾道松江線」、「広島浜田線」の3本の横断高速道路で結ばれ、路線図の上では非常にアクセスに恵まれたように見えます。ただ、その3本は、いずれも片側一車線道路で、ひとたび交通事故が起こると通行止めになる難点があります。追い越しレーンも短くて少なく、救急車などの緊急自動車が先に進みにくいなど沿線の利用者から改善を求める声が上っています。私は、尾道自動車道完成当初から追い越しレーンをもっと長くし、その箇所も数倍に増やし、それを上手く繋いで片側2車線化が実現するように国土交通省や財務省に訴えてきました。今では国土交通省も積極的に2車線化の検討をしてくれています。

また道路網を中国地方全体で見ると、山陰地方の国道9号線沿いを走る縦貫道路は更に深刻で、鳥取、島根、山口各県の海岸部を結ぶ高速道は虫食い状態です。鳥取市から下関へ続く縦貫道が完成すれば、中国地方全体にどこからでもアクセスできることになり、広域ネットワークを形成することにより、究極の地域活性化につながると考えており、大きな目で推進して行きます。

予算・補助金・優遇税制について説明会を開催

２０１７年２月６日（月）～８日（水）

２０１６年８月から約一年間自由民主党経済産業部会長代理を仰せつかったとき、２月６～８日の３日間と経済産業省中国経済産業局から産業部中小企業課長・近村淳様にお越しいただき、三原市・尾道市・府中市・三次市の４会場において経済産業省の予算・補助金・優遇税制について説明会を開催しました。各会場とも皆様にご参加いただきまして誠にありがとうございます。

その後も頻繁に、産業活性化のために同じような説明会を開催をさせていただいていますが、今後も積極的に展開させていただきます。

三原市（6日）

尾道市（7日）

府中市（8日）

「尾道・しまなみ海道」と「出雲・石見銀山街道」は夢あるロマン街道

アクセスに富んだ夢ある地域

国会議員は憲法第43条に「全国民を代表する」とうたわれ、私は広島6区が選挙区ですので、隣接する市や町とも深い関係ができてきます。また国会議員同士で情報交換をしますので、広島県のみならず他の県も話題に上ります。広島6区は選挙区が広大で、岡山県の他、北は鳥取県と島根県、南は四国の愛媛県に接して、ほんの少しで香川県境にも近く、隣接する市や町がたくさんあります。

古くから日本海側の出雲地方と瀬戸内海沿いは石見銀山街道の「尾道道」と「上下・府中・福山道」が整備されていました。当時から山陰と山陽の交流は盛んで、街道沿いである現在の庄原市、三次市、府中市などは交通・物流拠点として繁栄していました。現在では、尾道松江道で出雲や松江につながり、しまなみ海道を進むと松山市や高知市、或いは鳴門市や徳島市など四国の主要観光地にひとっ飛びです。中国道、山陽道を使うと京阪神や広島市方面、九州地方へのアクセスに恵まれ、現代も観光・物流の重要な拠点機能を発揮しています。更に山陽新幹線の駅が広島６区内には２つあり、三原市内には国内の主要都市や様々な国とを結ぶ広島空港もあります。

この交通インフラをフル活用すれば、広島６区内の各自治体のみならず、隣接する自治体も含めて観光経済の拡大は間違いありません。例えば、秋から春先に県南でサイクリング、庄原でスキーを楽しんだあとに出雲大社詣と温泉を満喫し、三次で雲海を見る。夏場には瀬戸内海でクルージングや釣りの後、観光地や伝統文化に触れ、花を見ながら高原で食事やキャンプを楽しむことができますが、幾つかの未完成部分もあり、早急に解決に向けて真剣に取り組みます。

フライトロードの完成が期待される島根県の市長町長さんが7名で来訪…広島空港の利用拡大を

令和3年（2021年）は、新型コロナウイルス禍によって旅行観光・交通・飲食が大きな打撃を受けました。早急な観光経済の立て直しが必要です。そのためには国際空港である広島空港の四国、山陰地方までを含めた広域利用を考えていくべきでしょう。

最近、島根県の市長・町長さんたちが私を訪ねてこられました。「島根県には出雲空港がありますが便数が少ないです。広島空港は国際空港で便数も多く、インバウンドを進める中で幅広く使わせてほしい。広島空港を利用して、多くの皆さんが私達の市や町へ来てほしい。」と言われ、「広島空港からのフライトロード完成は私達の悲願でもあり、私どもも応援しますから早期完成を進めてください。」と懇願されました。フライトロードは現在、広島空港と大和南ICが結ばれた段階で計画が途中で止まっていますが、将来的には尾道松江道の世羅ICと結ばれる予定です。市長・町長さんたちは、内外の観光客が広島空港から山陰地方、とくに島根県へ来られることを期待され、フライトロードの果たす役割の大きさを分かっていらっしゃるのです。

今までは広島観光といえば宮島か平和公園のある西側ばかりが注目されていました。しかし昨今、尾道だけでも年間６４０万人の観光客があり、観光客が尾道で消費する額は２０１９年度には２７０億円にのぼりました。しかし、尾道周辺に宿泊される割合は非常に低いのです。一方、島根県は出雲大社の参拝者だけで年間６５０万人いて後にも述べますが宿泊客が多いのです。

フライトロードは、あと14キロで完成しますが、そうなれば利便性の高い広島空港から山陰地方を観光しようとする方が急増し、逆に今まで出雲地方など、山陰だけを観光目的地にしていた方が尾道や三原なども訪問して、宿泊しようとする可能性が高くなるはずです。出雲地域の自治体も含めて県を超えて協力し合って、経済のメリットを訴えることで、フライトロードを私の仕事として完成させなければと思っているのです。

「尾道・しまなみ海道〜出雲・石見銀山街道」

……瀬戸内海と日本海をつなぐ文化融合の道

石見銀山街道は銀山の中心地である大森（現島根県大田市）から、日本海へ運ぶルートで

①鞆ヶ浦（大田市）への街道

②温泉津・沖泊（大田市）への街道

陸路で瀬戸内海側へ運ぶルートで

③尾道（広島県尾道市）への街道

④笠岡（岡山県笠岡市）への街道

この4本の街道があったと言われています。

人夫400人、牛馬300頭が一回の量とは……

文化９年（１８１２年）の「赤名愁訴」という訴文から銀の輸送の大きさに驚きます。

《訴文》

銀は九日市宿を早朝出発し午前８時ごろに赤名宿へ到着する。赤名宿に集まった近隣21か村の人夫４００人、牛馬３００頭が銀の輸送を行う。

赤名峠を越えて三次宿まで26キロあり、三次に到着するのは夜中となる。馬を持っている百姓は村にはほとんどおらず、人馬を雇えば日当を含めて大変な出費となり21か村は困っている。昔のように布野宿までとしてほしい。

この訴えは叶えられず、銀の輸送が中止される明治まで続きました。

慶長５年（１６００年）関ヶ原の戦いの結果、銀山は徳川家康が占有することとなりました。慶長６年（１６０１年）銀山奉行として大久保長安が着任、石見銀山街道が整備されます。石見銀山から尾道への、銀の輸送や米の運搬など、山陰と山陽とを結ぶ大動脈として機能しました。幅は7尺（約2・1m）で1610年代に完成したと伝えられています。

石見銀山街道は、美郷町（島根県）、町筋には御影石の石畳が敷かれ商家が立ち並び繁栄していた「いにしえの里 三次物怪・でこ街道」（尾道道、広島県三次市）、石見銀山街道「白壁のまち 上下宿・石州街道出口通り」（笠岡道、広島県府中市）、そしてお寺と文化の街・尾道の繁栄をもたらしました。

近年、石見銀山が世界遺産に登録され、沿道の地域は銀山街道を活かした地域活性化を行っています。行政間で「銀山街道沿線市町等連携協議会」、民間主導で「銀の道広域連携実行委員会」が結成され、広島県の自治体と島根県の自治体が県の垣根を超えて参加し、両者が連携を取りながら案内看板の充実・路線地図の公開などの情報配信を行っています。

石見銀山街道と旧出雲街道（宍道尾道街道、雲石街道）

尾道から石見銀山・出雲大社方面へ行くと、赤名宿で、銀山街道と松江からの出雲街道が分かれます。赤名宿は交通の要所として発展しました。赤名宿（峠）から分岐して宍道に至ります。近世中期頃から盛んになった出雲大社参りにもこの道が用いられました。

石見銀山・出雲方面から尾道へは「尾道道」、笠岡へは「笠岡道」あるいは「上下・府中・福山道」と呼称されています。

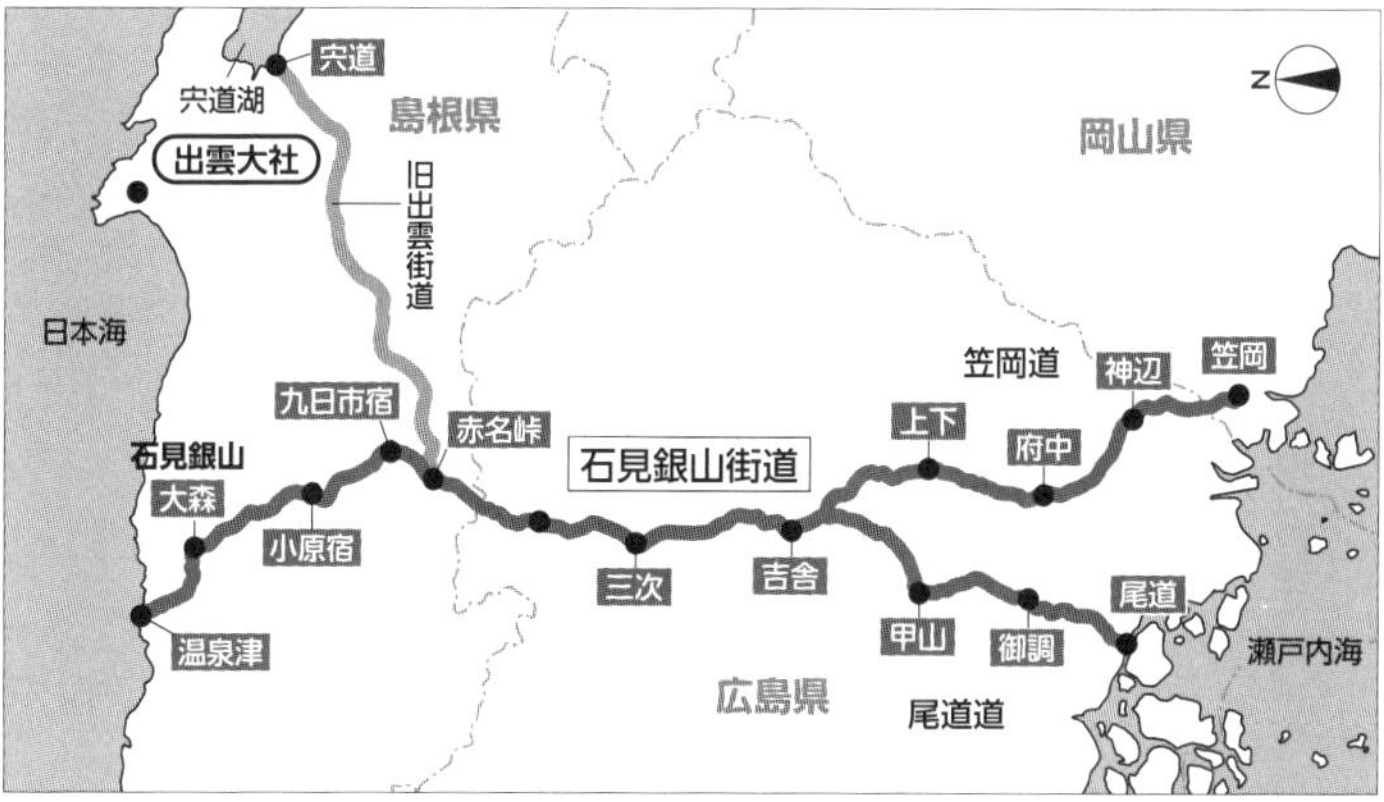

出雲大社&しまなみ海道は「陰陽の観光経済」を拡大する

しまなみ海道入り口の尾道市の2019年の観光客は約640万人、サイクリングの客数は18万人、外国人の観光客は33万人でした。また、観光消費額は270億円でした。お寺と文化の街、坂の街として魅力があり、しまなみ海道での人気もあり多くの観光客が尾道を訪れています。一方、出雲大社詣など出雲・松江の観光入込客数は約630万人になります。うち、81%の方が宿泊目的ですので2泊、3泊することも考えられます。また県外客が67%で、一人あたり約2万7884円も消費するとのデータもあります。

出雲街道、石見銀山街道には大きな経済圏が生まれる可能性があり、広島観光といえば平和ドームと宮島のイメージが変わる可能性を秘めているのではないかと思います。今後の検討課題といえるでしょう。

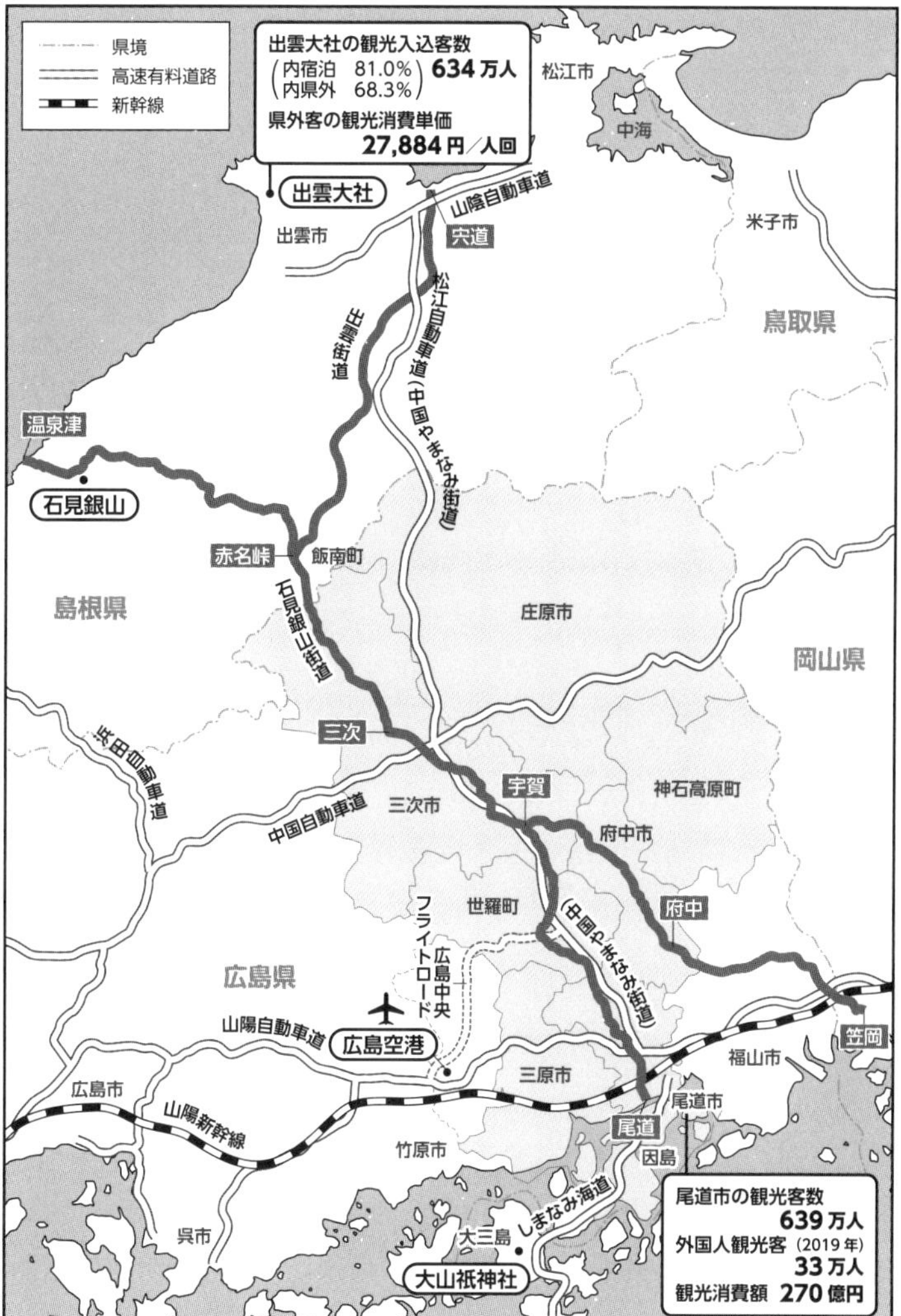
県境
高速有料道路
新幹線
出雲大社の観光入込客数
(内宿泊　81.0%
内県外　68.3%) 634万人
県外客の観光消費単価
27,884円／人回
松江市
中海
出雲大社
山陰自動車道
出雲市
宍道
米子市
松江自動車道（中国やまなみ街道）
出雲街道
鳥取県
温泉津
石見銀山
赤名峠
飯南町
島根県
石見銀山街道
庄原市
岡山県
三次
浜田自動車道
宇賀
神石高原町
三次市
中国自動車道
府中市
世羅町
府中
フライトロード
（中国やまなみ街道）
広島中央
広島県
山陽自動車道
広島空港
笠岡
福山市
三原市
広島市
尾道市
山陽新幹線
尾道
竹原市
因島
しまなみ海道
大三島
呉市
大山祇神社
尾道市の観光客数
639万人
外国人観光客（2019年）
33万人
観光消費額　270億円

●尾道市の観光客実態

1. 平成30年（1月〜12月）尾道市観光客数

6,394530人 前年比 94.02%

地域区分	平成30年	平成29年	増減人数	前年比
尾道	4,280,689人	4,445,999人	▲ 165,310人	96.28 %
御調	427,517人	466,939人	▲ 39,422人	91.55 %
向島	318,781人	361,493人	▲ 42,712人	88.18%
因島	693,731人	809,819人	▲ 116,088人	85.66%
瀬戸田	673,812人	716,362人	▲ 42,550人	94.06%
合計	6,394,530人	6,800,612人	▲ 406,082人	94.02%

2. サイクリング客数

188,918人 前年比 92.47%（平成29年 204,304人）

3. 外国人観光客数

332,048人（過去最高） 前年比 115.92%（平成29年 286,439人）

4. 観光消費額

27,050百万円 前年比 99.57%（平成29年 27,168百万円）

●古の歴史ロマン街道……大山祇神社から出雲大社へ神々を祀る旅（「しまなみ海道」と「やまなみ街道」）

『古事記』では、伊邪那岐命と伊邪那美命との間に生まれた大山津《おおやまつ》見神《みのかみ》を祀る大山祇神社（しまなみ海道・大三島《おおみしま》、愛媛県）。戦いの神様として、国宝・重要文化財の指定をうけた日本の甲冑の約4割が集まるといわれる。一方、やまなみ街道につながる大国主大神を祀る縁結びの出雲大社。しまなみ海道・やまなみ街道沿いの各市町村では、神楽（三次市、庄原市、世羅町、神石高原町）や、古事記の神々、寄倉岩陰遺跡（帝釈峡）は西日本の縄文文化の基準になり、周辺には旧石器時代に及ぶ遺跡もあり、古の歴史ロマンが堪能できる。

尾道市の観光客の推移（単位：千人）

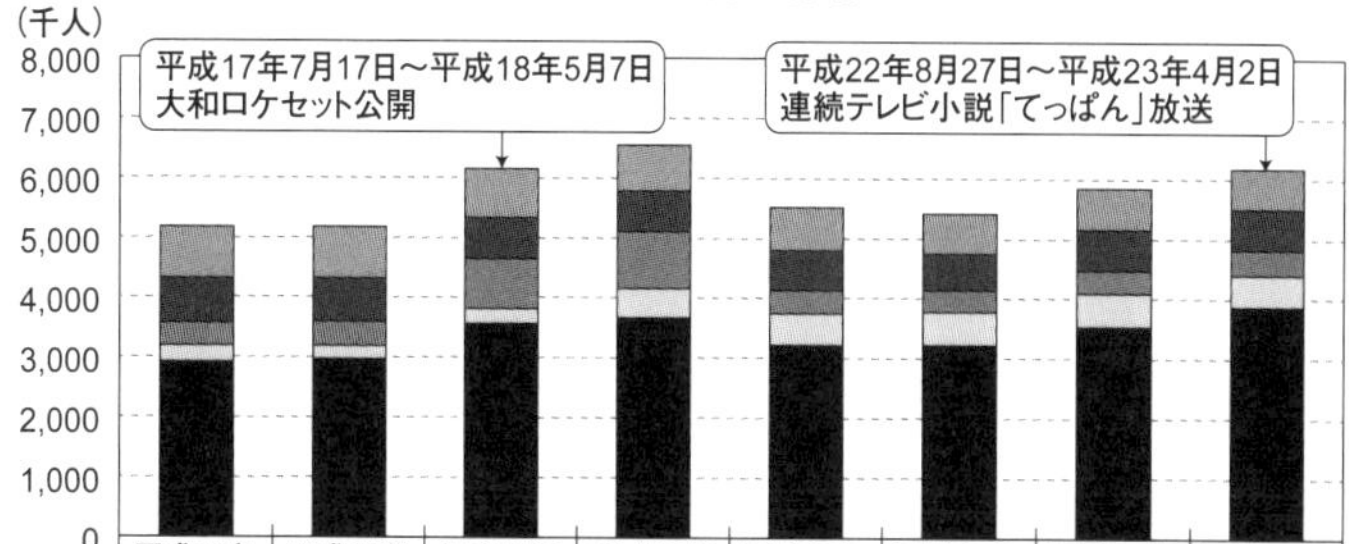

	平成15年	平成16年	平成17年	平成18年	平成19年	平成20年	平成21年	平成22年
尾道	2,917	2,966	3,561	3,662	3,216	3,220	3,531	3,867
御調	270	221	249	489	524	553	557	544
向島	377	401	843	960	387	364	395	417
因島	747	722	685	676	677	620	677	679
瀬戸田	865	869	812	764	718	664	689	673
合計	5,176	5,179	6,150	6,551	5,522	5,421	5,849	6,180
前年比	100.66	100.06	118.75	107	84.29	98.17	107.90	105.66

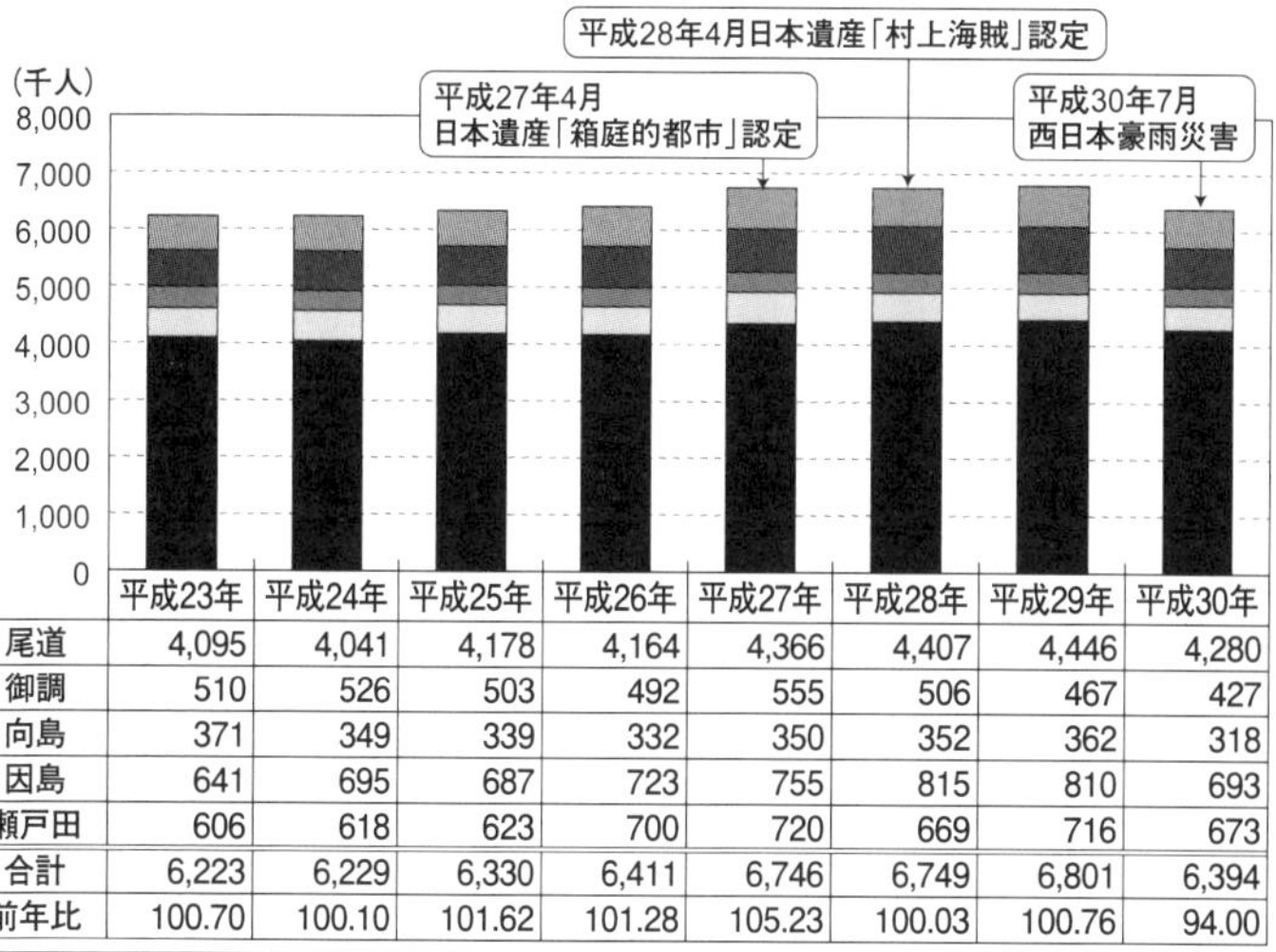

	平成23年	平成24年	平成25年	平成26年	平成27年	平成28年	平成29年	平成30年
尾道	4,095	4,041	4,178	4,164	4,366	4,407	4,446	4,280
御調	510	526	503	492	555	506	467	427
向島	371	349	339	332	350	352	362	318
因島	641	695	687	723	755	815	810	693
瀬戸田	606	618	623	700	720	669	716	673
合計	6,223	6,229	6,330	6,411	6,746	6,749	6,801	6,394
前年比	100.70	100.10	101.62	101.28	105.23	100.03	100.76	94.00

■ 尾道　□ 御調　■ 向島　■ 因島　■ 瀬戸田

※百の位で切り捨て。

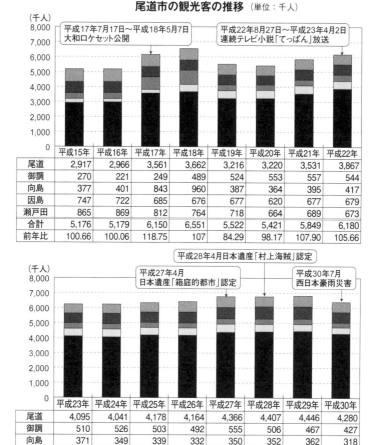

●広島県の観光客実態

観光入込客数の推移と観光の沿革（1989年～2019年）

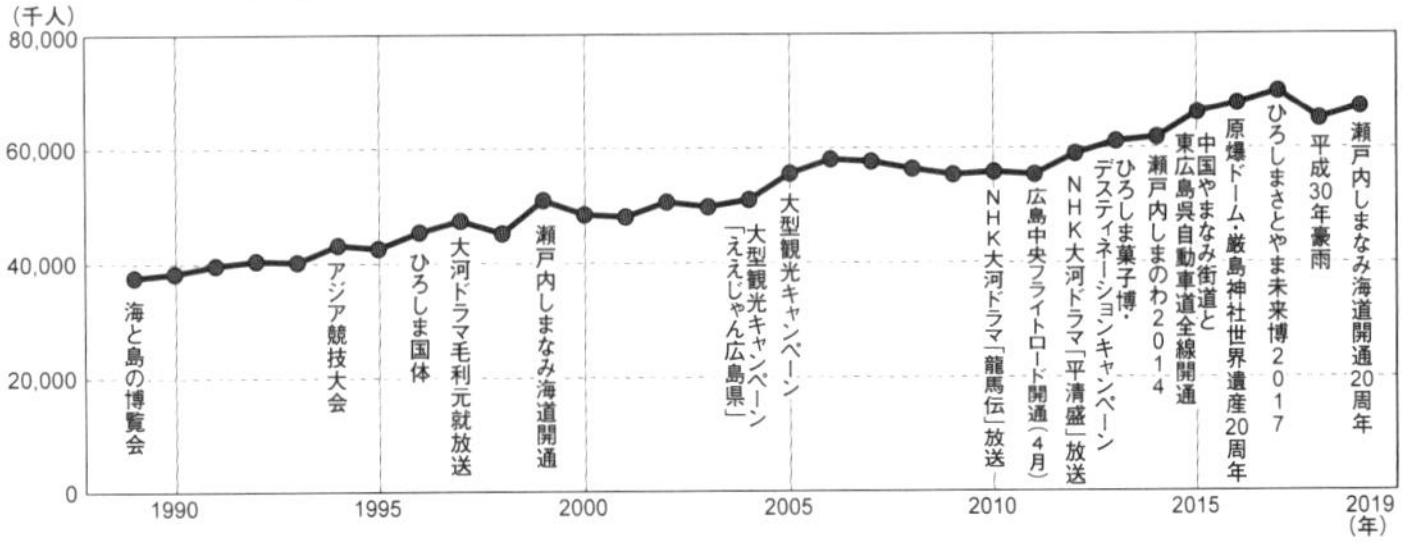

西暦（年）	観光客数（千人）	西暦（年）	観光客数（千人）	西暦（年）	観光客数（千人）	西暦（年）	観光客数（千人）
1989	37,581	1997	47,416	2005	55,561	2013	61,089
1990	38,271	1998	45,204	2006	57,994	2014	61,810
1991	39,636	1999	50,977	2007	57,609	2015	66,176
1992	40,456	2000	48,442	2008	56,316	2016	67,773
1993	40,219	2001	48,037	2009	55,302	2017	69,894
1994	43,160	2002	50,608	2010	55,766	2018	65,040
1995	42,587	2003	49,755	2011	55,322	2019	67,190
1996	45,422	2004	50,983	2012	58,932		

（延べ人数）

出典：広島県「平成 31 年　広島県観光客数の動向」

観光目的別、構成比（2019 年）

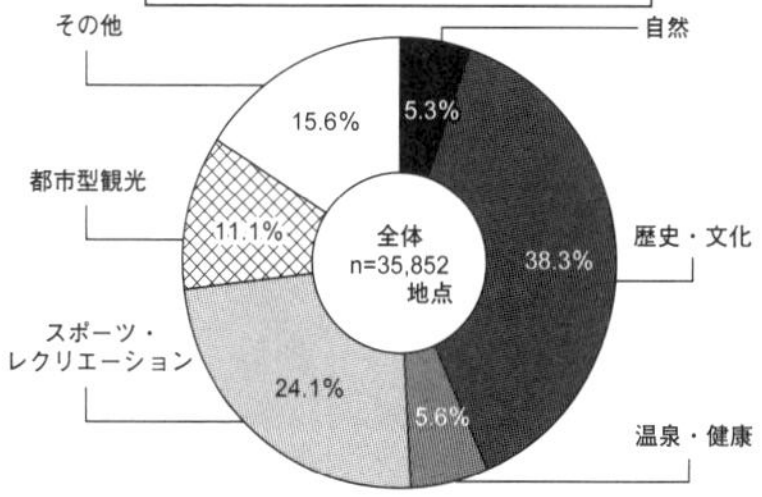

出典：観光庁「共通基準による観光入込客統計」

日帰り・宿泊旅行に関するデータ（2019 年）

・観光スタイル別、観光入込客の割合
日帰り 79.1%、宿泊 20.9%
・観光客の発地別、観光入込客の割合
県内 67.5%、県外 32.5%
・観光消費額単価
日帰りの県内客 2,332（円／人回）、
県外客 6,716（円／人回）
宿泊の県内客 9,698（円／人回）、
県外客 20,393（円／人回）

出典：観光庁「共通基準による観光入込客統計」

観光客数が多かった主要・有料観光施設 TOP10（2019 年）

順位	主要・有料観光施設	人数（人）
1位	平和記念資料館（広島市）	1,863,730
2位	呉市海事歴史科学館大和ミュージアム（呉市）	977,872
3位	国営備北丘陵公園（庄原市）	523,610
4位	千光寺山ロープウェイ（尾道市）	513,324
5位	宮島水族館（廿日市市）	475,637
6位	広島市安佐動物公園（広島市）	473,008
7位	広島市こども文化科学館（広島市）	391,267
8位	広島城（広島市）	356,845
9位	広島県縮景園（広島市）	334,216
10位	福山市立動物園（福山市）	272,408

観光客数が前年比で伸びた主要・有料観光施設 TOP10（2019 年）

順位	主要・有料観光施設	人数（人）	前年比（%）
1位	田原温泉5000年風呂（北広島町）	11,622	1,345.5
2位	圓鍔勝三彫刻美術館（尾道市）	3,493	210.5
3位	君田温泉 森の泉（三次市）	254,046	58.8
4位	入船山記念館（呉市）	31,143	56.7
5位	呉市海事歴史科学館大和ミュージアム（呉市）	977,872	42.9
6位	松濤園（呉市）	15,962	31.7
7位	松阪邸（竹原市）	16,390	31.2
8位	宮島歴史民俗資料館（廿日市市）	19,304	27.0
9位	広島県立歴史民俗資料館（三次市）	32,185	25.5
10位	頼山陽史跡資料館（広島市）	11,799	22.3

●島根県の観光客実態

観光入込客数の推移と観光の沿革（1998年～2019年）

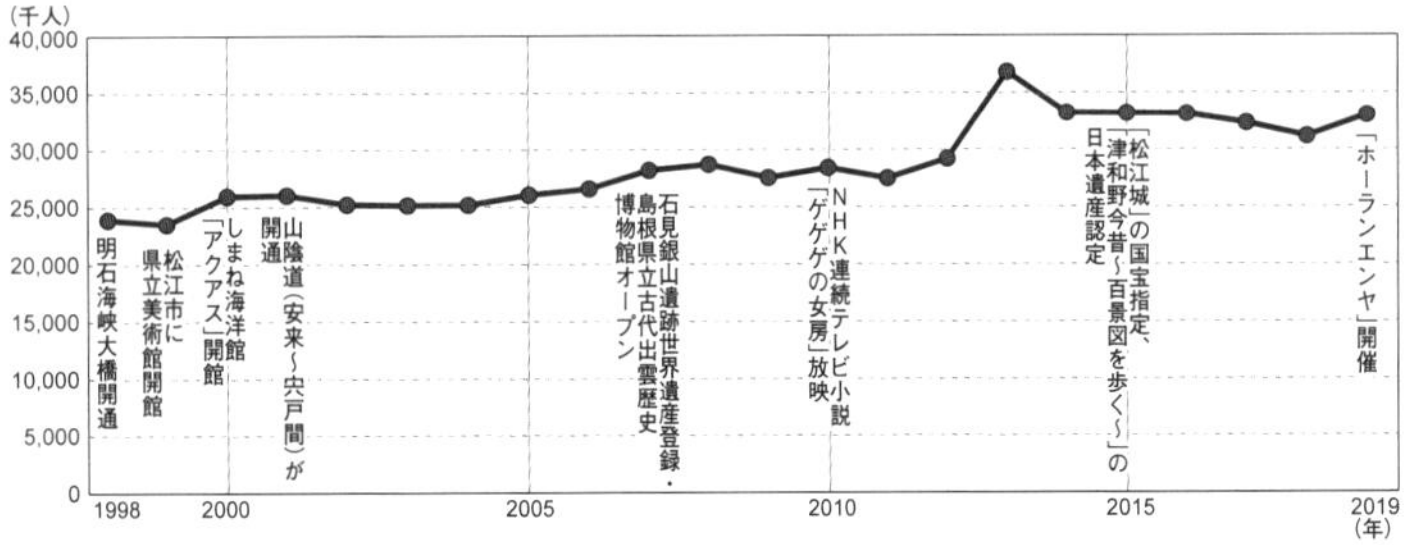

西暦（年）	観光客数（千人）
1998	23,915
1999	23,511
2000	25,956
2001	26,052
2002	25,231
2003	25,164
2004	25,185
2005	26,058

西暦（年）	観光客数（千人）
2006	26,584
2007	28,191
2008	28,701
2009	27,530
2010	28,403
2011	27,489
2012	29,188
2013	36,819

西暦（年）	観光客数（千人）
2014	33,207
2015	33,171
2016	33,119
2017	32,303
2018	31,133
2019	32,990

（延べ人数）

出典：島根県「令和元年　島根県観光動態調査結果」

観光目的別、構成比（2019年）

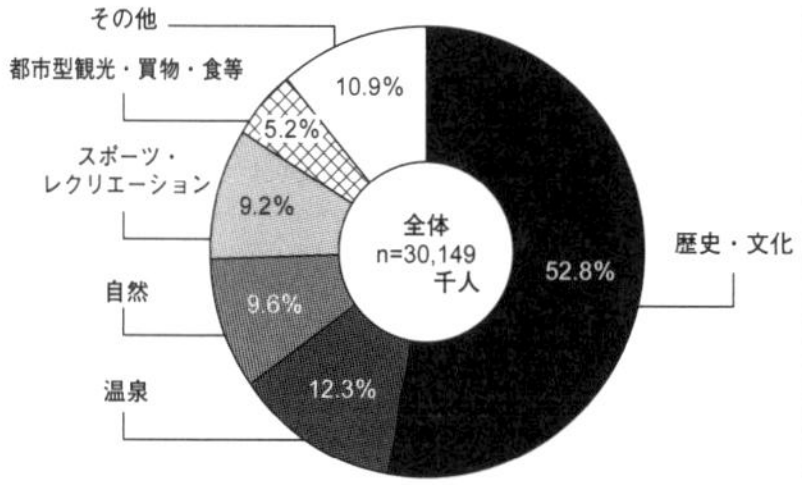

出典：島根県「令和元年　島根県観光動態調査結果」

日帰り・宿泊旅行に関するデータ（2019年）

・観光スタイル別、観光入込客の割合
日帰り 19.0%、宿泊 81.0%
・観光客の発地別、観光入込客の割合
県内 31.7%、県外 68.3%
・観光消費額単価
日帰りの県内客 3,790（円／人回）、
県外客 6,779（円／人回）、
宿泊の県内客 18,833（円／人回）、
県外客 27,884（円／人回）

出典：島根県「令和元年　島根県観光動態調査結果」

観光入込客数が多かった観光地・施設TOP10（2019年）

順位	観光地・施設	人数（人）
1位	出雲大社（松江市）	6,340,000
2位	日御碕（松江市）	1,094,040
3位	美保関（松江市）	849,643
4位	島根ワイナリー（松江市）	728,773
5位	足立美術館（松江市）	648,298
6位	玉造温泉（松江市）	614,780
7位	太皷谷稲成神社（松江市）	603,983
8位	石見海浜公園（松江市）	561,730
9位	松江城山公園（松江市）	516,575
10位	松江水郷祭（松江市）	480,000

観光入込客が前年比で伸びた観光地・施設TOP10（2019年）

順位	観光地・施設	人数（人）	前年比（%）
1位	チューリップ祭（松江市）	30,000	400.0
2位	桂島キャンプ場（松江市）	6,000	167.9
3位	琴引ビレッジキャンプ場（松江市）	2,660	164.2
4位	宍道湖グリーンパーク（松江市）	47,477	118.8
5位	海洋センター（松江市）	61,597	100.7
6位	鴨山記念館（松江市）	213	93.6
7位	松江ホーランエンヤ伝承館（松江市）	16,620	88.3
8位	武者行列（松江市）	140,000	86.7
9位	稲佐の浜海水浴場（松江市）	4,386	74.1
10位	武家屋敷（松江市）	76,889	73.5

●やまなみ街道をつなぐ

2021年10月10日に、尾道から松江まで自転車での駅伝が、やまなみ街道サイクル「道の駅」でん実行委員会主催で開催される予定（著書執筆時点）です。沿線の道の駅、沿線の自治体も協力しながら開催する予定で、今後も継続することによって、これからも地域の枠を超えて連携が図れるようになるきっかけになればと期待いたします。

エイドステーション一覧

① 道の駅クロスロードみつぎ
② 道の駅世羅
③ 吉舎ふるさとプラザ Xa104
④ 道の駅ゆめランド布野
⑤ 道の駅赤来高原
⑥ 道の駅頓原
⑦ 道の駅掛合の里
⑧ 道の駅さくらの里きすき
⑨ 道の駅湯の川
⑩ 道の駅秋鹿なぎさ公園

大会概要

名　称：やまなみ街道サイクル「道の駅」でん 2021
開催日：2021年10月10日（日）
主　催：やまなみ街道サイクル「道の駅」でん実行委員会
大会コース：やまなみ街道サイクリングコース（国道184号線、国道54号線、国道431号線その他）192キロ
詳細は http://plusvalue.co.jp/michinoekiden/index.html

第6章　広島6区、各市町の特徴

自然豊かな広島6区

島々、海洋、工業地帯、農村、森林地域など豊かな自然環境があります。自然環境を保護しながら観光・経済につなげなければいけません。

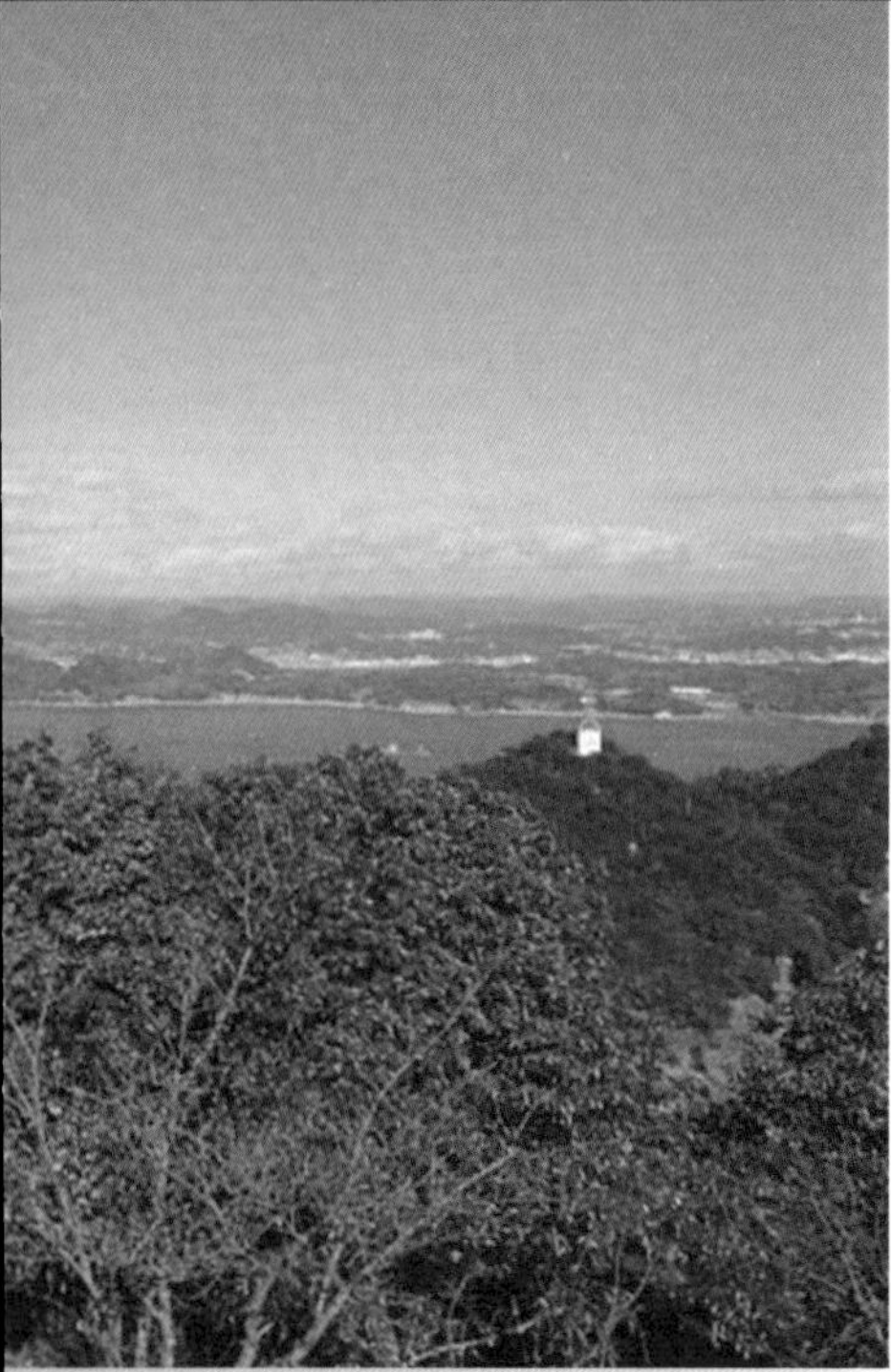

尾道市　浄土寺山展望台から見る夕日（瀬戸内しまなみ海道）

尾道市因島　白滝山と五百羅漢（しまなみ海道）

世羅町　チューリップ畑（世羅高原農場）
4月中旬〜5月中旬にかけて、約300種75万本のチューリップが花開きます。

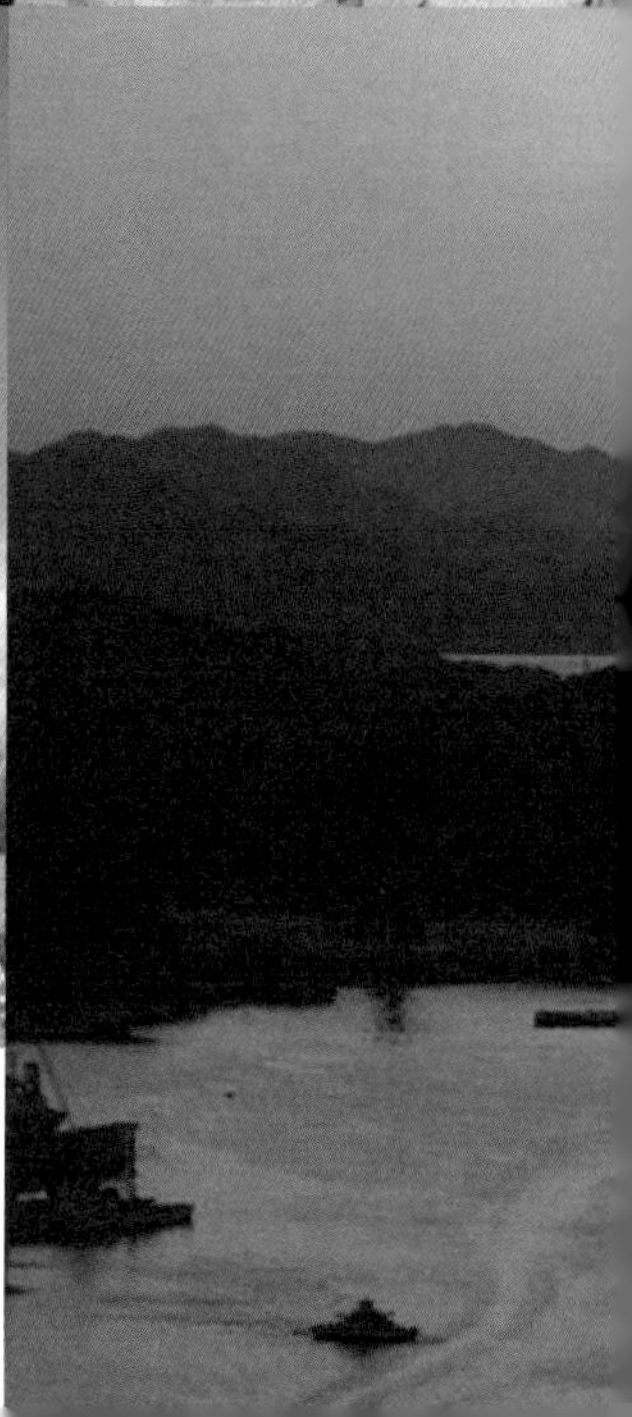

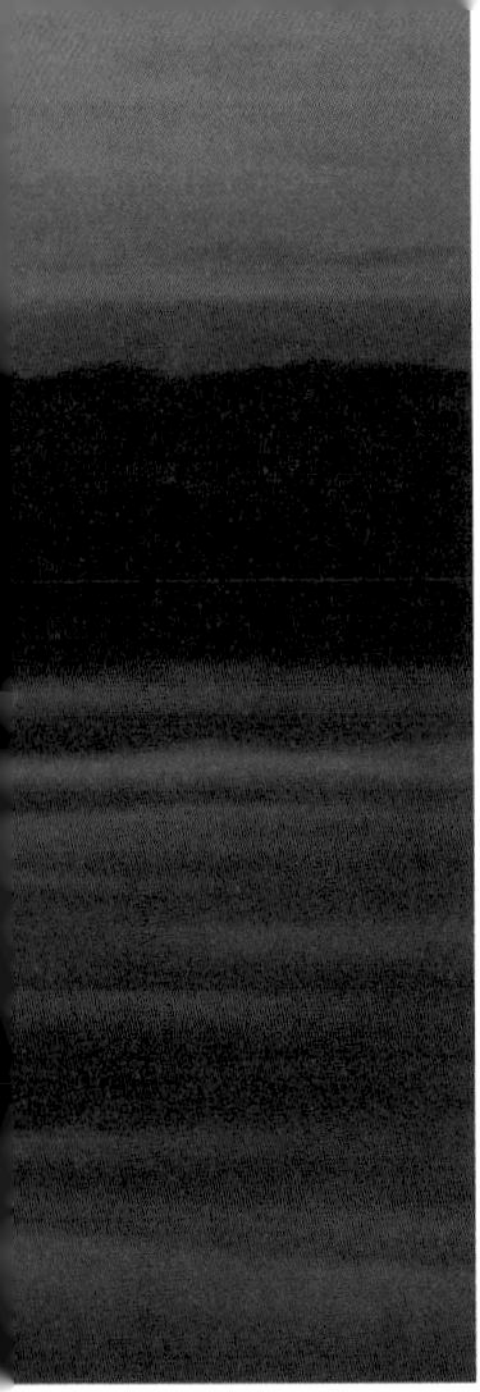

雄橋（おんばし）
日本を代表し世界でも類を見ない石灰岩の天然橋

寄倉岩陰遺跡
中四国地方の縄文土器編年の基準となる重要な遺跡

神龍湖　春の新緑、夏の納涼、秋の紅葉と季節によって変わる渓谷が楽しめる

帝釈峡（庄原市、神石高原町）
国定公園
全長約18キロメートルの峡谷で日本百景の一つとされる

雲海（三次市）高谷山　展望台

雲海（三次市)、秋から早春にかけての早朝に安定して 霧の海（雲海）が見られる

広島6区は、南北に200キロ、東西に80キロもあり、面積はとても広く、愛媛県から山陰地方の島根県・鳥取県に接し、もっとも広い庄原市は、一つの市だけで香川県の3分の2に相当する面積があります。暮らしも産業も異なり、山村地域、農村地域、工業地帯の全てがあり、製造業、農業、流通業、漁業・林業などほとんど全ての産業があり日本の縮図のようです。衆議院選挙では全ての地域を回ります。各地域で住民の皆さんが、地元が良くなるように努力をされています。私なりに、各地域で感じたことをまとめてみました。

三原市……元帝人と三菱重工業の企業城下町

三原市は、元々は三菱重工、帝人を中心とする企業城下町でした。三菱重工・三原製作所は昭和18年（１９４３年）に蒸気機関車および鉄道車両用空気ブレーキの専門工場として発足し、帝人の三原製作所は合成繊維の花形「ナイロン」の製造を昭和38年（１９６３年）に開始しました。

（帝人は２００３年に三原営業所を撤退、ほとんどが愛媛県の松山市へ移転しました）

三原市在住の方に聞くと三原市というところは、企業城下町で、朝８時すぎに弁当を持って「行ってくるぞ」と言って出勤、５時半すぎには家に帰る比較的安定的な生活をしている地域といわれています。三原市の特徴をいえば、国内第１位の造船所の今治造船広島工場、三菱重工業、真空包装で独自技術を持つ古川製作所、豆腐・厚揚げのやまみ、ＤＮＰ大日本印刷、など多くの企業が頑張っています。また、合併により農業振興地域も加わりました。それから、三原市は、新幹線があり、広島空港や山陽自動車道、港もあって非常に交通の面で恵まれた陸海空の接点です。そのことを基礎にしてこの町を伸ばす要素は充分あると思います。

▲広島空港
中国地方最大であり、令和元年度3月集計の年間利用客数は、国内線2,669,525人、国外線304,683人、合計2,974,208人であった。

▲三原港フェリーターミナル

三原城▶
JR三原駅北隣にのこる
三原城天主台跡

◀筆影山・竜王山
(ふでかげやま　りゅうおうざん)
筆影山山頂、竜王山の展望台から眺められる多島美は瀬戸内海随一と評され、1950年、瀬戸内海国立公園の一部に指定された。

▲広島空港大橋（スカイアーチ）

◀トライアスロンさぎしま大会

尾道市……しまなみ海道の入り口にある造船の町

尾道市は、縄文時代（約5000年前）の遺跡である太田貝塚が発見されています。平安時代に備後太田荘公認の船津倉敷地、荘園米の積み出し港となって以来、対宋・対明貿易船や北前船、内海航行船の寄港地として、中世・近世を通じて栄えました。

慶長6年（1601年）、徳川家康は石見銀山を直轄領とし、銀を運ぶため、石見銀山街道を整備します。当時は、海路より陸路の方が安全で、石見銀山の銀は尾道で船に積み込まれ大阪・京都の銀座まで運ばれて行きました。出雲へ向かうルートとしても整備され、尾道は山陰地方との人・物流の交流点となり、出雲藩の年貢米も取り扱いました。そのため「出雲街道」、「出雲大社道」とも呼ばれました。

また、江戸時代中期に日本海沿岸諸港から下関を経由して瀬戸内海の大坂に向かう航路（西廻り航路）が開発されました。「廻船《かいせん》」と呼ばれる「北前船」が尾道に寄港し、「町がひっくり返るようなにぎわいを見せた」とも言われ、ここで誕生した多くの豪商はその富を、お寺の建築や文化的な街の育成に投資しました。奇跡的に戦禍を逃れたため、現在でも約千数百年前の姿を見ることができ、お寺の多い尾道らしい街といわれる由縁です。

お寺や町並みは現在でも数多く残り、多くの文化人が輩出されました。『暗夜行路』を書いた志賀直哉、尾道の女学校に通った『放浪記』作者の林芙美子をはじめ、多くの文人たちのゆかりの地でもあり、小津安二郎監督の『東京物語』や、大林宣彦監督の尾道三部作『転校生』『時をかける少女』『さびしんぼう』などの映画の舞台としても有名です。尾道市は、中世から人と物の交流した港町として８５０年超の歴史がある街なのです。

平成11年（１９９９年）「瀬戸内しまなみ海道」が開通し、美しい島々とそれらを繋ぐ橋が織りなす海の道、全長約70キロの道として魅力を集めています。「しまなみ海道サイクリングロード」は、日本で初めての海峡を横断する自転車道でサイクリングの聖地として海外からも人を集めています。今では、毎年約650万人（うち外国人33万人）もの観光客が来る人気の街になっています。尾道市は、歴史や立地を生かして産業開発に成功した街と言えるでしょう。

また、尾道市には造船関連の企業が多くあり、その工業製品の生産割合は30%、従業員は4000人を超えて、自治体では造船関連で日本で一番多くの方々が働いています。近代になり木造船から鉄造船に移行すると、島で育まれた造船技術と尾道において中世から受け継がれてきた鍛冶の技とが結びつき飛躍的に発展したといわれています。現代の造船業でも日本をリードする都市です。

今治造船と資本提携をした元日立造船のＪＭＵ（ジャパンマリンユナイテッド株式会社）、常石造船、尾道造船、内海造船、修繕の三和ドック、向島造機、向島ドックなど尾道市には、造船関連企業が大企業から中小企業まで数多くあります。造船関連産業は、その売上規模が市の製造業全体の約3

割に達するなど、尾道経済に大きな役割を果たしており、また造船業の再生・復活は、尾道市のみならず日本の大きな課題です。

おのみち映画資料館▶
小津安二郎監督不朽の名作「東京物語」など尾道ゆかりの作品や資料を展示、未来に向けて「映画づくり」の楽しさを広げていく施設

◀平山郁夫美術館
瀬戸田町（生口島）
尾道市瀬戸田町出身の現代日本を代表する日本画家・平山郁夫の偉業を紹介する美術館

因島水軍城▶
因島にある城型資料館で、村上水軍の武具-遺品-古文書などの資料を展示する

「尾道七佛めぐり」

①持光寺↓②天寧寺↓③千光寺↓④大山寺↓⑤西國寺↓⑥浄土寺↓⑦海龍寺

①持光寺
36枚の花崗岩でできた大石門、普賢延命画像（国宝）がある

↓

②天寧寺　三重塔（国重文）
創建当時は東西三町にわたる七堂伽藍を配した大寺院であった

↓

③千光寺
806年に創建と伝承。尾道港を一望する大宝山の中腹にある

↓

④大山寺
平安時代前期創建。菅原道真にゆかりがあり、境内には御袖天満宮が建つ

↓

⑤西國寺
729年創建と伝承。行基菩薩創建と伝えられる真言宗醍醐派の大本山

↓

⑥浄土寺　多宝塔（国宝）
奈良時代の613年、聖徳太子によって創建と伝承

↓

耕三寺　大阪の元実業家耕三寺耕三が慈母への報恩感謝の思いを込めて建立した浄土真宗本願寺派の寺院で「母の寺」、「西日光」と呼ばれている。

⑦海龍寺　千手観音像（県重文）人形浄瑠璃・文楽の墓がある

その他の寺社

光明寺	横綱陣幕久五郎ゆかりの寺
海福寺	三ツ首様伝説で知られる
宝土寺	境内西側にある吉備津彦神社（一宮神社）の神宮寺
信行寺	『尾道志稿』の著者油屋・亀山士綱の墓、落語家・桂文治の墓がある
艮神社	尾道最古の神社。真上を市営千光寺山ロープウェイが通っている
妙宣寺	尾道唯一の日蓮宗寺院。加藤清正を祀るお堂がある
慈観寺	ぼたん寺として知られる
善光寺	東京都目黒区の祐天寺と関係が深い
善勝寺	
福善寺	
常称寺	
西國寺持善院	
浄泉寺	
正念寺	
尊光寺	尾道では珍しい現代建築の寺
西郷寺	本堂、山門は国の重要文化財
海徳寺	
向上寺	瀬戸田町（生口島）。三重塔は国宝
久保八幡神社	西久保町
三成八幡神社	美ノ郷町
烏須井八幡神社	西則末町

府中市……内陸型の非常に起業家の多い町

広島県府中市は、石州街道の出口の町であり、その昔は街道筋の町として栄えました。さかのぼること大化の改新後に国府が置かれ、古代備後政治の中心地でした。

古くから天領、石見銀山街道として栄えた上下町が、平成16年（2004年）市町村合併により府中市に編入されました。上下地区では、市民・市議会議員・文化財保護および教育委員と産官民による新たな上下町並み研究会を発足させて、「天領」「銀山街道」「白壁の町」の歴史風景を活かして町づくりを行っています。

府中市は、日本では珍しい内陸型のとても創業者の多い町です。江戸時代には福山藩の木綿運上所が置かれ、綿の製造・加工が盛んでした。明治～大正期にかけ織物製造業や染料工業および家具製造業が興隆、内陸工業都市への発展につながったと言われています。地場産業としての家具づくりには江戸時代からの伝統があり「府中家具」として知られ、ほかに「府中味噌」も有名です。

繊維工業も盛んで、ユニフォーム、ワーキング、カジュアルウェアのデザイン開発などを扱う企業も集積しています。北川船具製作所から始まり昭和20年（１９４５年）には蒸気エンジン製造を手がけ、世界的な工作機械・産業機械メーカーの「北川鉄工所」（東証１部上場）、自動車部品などに使う金型鋳造（ダイキャスト）から始まり電動工具、印刷機器、ゴルフ用品などを展開する「リョービ」（東証１部上場）、「広島紡績」として設立し、無線へリ製造で世界トップクラスであると同時に国内シェア１位となった「ヒロボー」、昭和22年（１９４７年）創業で天然由来原料のテルペン樹脂製造を行うオンリーワン企業のヤスハラケミカル（東証２部上場）、電子基板製造装置、リフト製造大手の北川精機（ＪＡＳＤＡＱ上場）などのように、起業家、個性のある経営者の多い町というところが特色です。

「泊まれる町家 天領上下」歴史ある町並みの維持・保存プロジェクト

▲白壁のある町並み

▲白壁が残る商店街の中心部に、明治時代に建てられた築100年を超える古民家をリノベーション「泊まれる町家 天領上下」が2020年にオープン

▲甘南備神社（出口町）
社伝によると、和同年間（708年〜715年）に当地で悪疫が流行した際、出雲より勧進したと伝わっている。祭神は事代主命と大国主命

三次市……広島県北の中心都市

三次市は、広島県北の中心都市として昔から交通の要衝として発展してきました。江の川の支流が三次盆地で合流するため、河港として栄え、古くから山陰—山陽を結ぶ文化・経済・交通の要衝の地として機能してきました。現在でも、中国自動車道・中国やまなみ街道（尾道自動車道および松江自動車道）・芸備線など三次市を中心に放射状の交通網が整備されています。

弥生時代後期には三次盆地で発祥した四隅突出型墳丘墓が、出雲地方一帯で採用され、さらには北陸地方にまで広がりました。古代史においてもとても面白い場所です。江の川支流の合流点では夏場には鵜飼舟が出てにぎわいます。

三次出身者では芸術家やスポーツ選手の著名人が多く、東映の監督を務めた岩本義さんや、当時は「地震・雷・火事・門前《もんぜん》」と恐れられた捕手の門前眞佐人さん（大阪タイガース）、２００３年度のベストナイン賞を受賞した二岡智宏さん（読売ジャイアンツ）、2年連続の最優秀中継ぎ投手に選ばれた福原忍さん（阪神タイガース）、２０１０年度のセントラル・リーグ盗塁王の梵英心《そよぎえいしん》さん（広島東洋カープ）など多くの野球選手を輩出しています。

芸術家も、ＮＨＫで昭和48年（１９７３年）に放映された『新八犬伝』で人形美術を担当、３００体もの人形を作り一躍人気作家となったアートディレクターの辻村寿三郎さん。三次市にある辻村寿三郎人形館に人形が展示され、数々の業績が分かるようになっています。

昭和59年（１９８４年）に文化勲章を受章した日本画家の奥田元宋《げんそう》さんと、その妻で人形作家の小由女《さゆめ》さんも令和2年（２０２０年）に文化勲章を受章しました。夫妻での文化勲章受章は史上初めてのことです。

また江の川流域での八岐大蛇《ヤマタノオロチ》の神話（出雲など他にも伝承がある）などもあり、三次出身の民族学者・湯本豪一さんのコレクションを市が運営管理し「もののけミュージアム」を設立して地域振興を行っています。

　また、三次市は内陸の盆地なので、霧の深い町で、雲海がとてもきれいです。「霧の町」と呼ばれるほどで、標高が高くて寒冷地の盆地なので朝晩の気温が低くなって寒暖差があるため、霧の海が発生しやすいと言われています。秋から早春にかけては、ほぼ毎日発生します。三次市街から車で15分ほどの展望台のある「高谷山」は観光客でも簡単に行ける場所です。

▲湯本豪一記念日本妖怪博物館
（愛称：三次もののけミュージアム）
日本の民俗学者・湯本豪一さんから寄贈を受けた妖怪コレクションを市が運営

▲三次の鵜飼
幻想的な世界へと誘う、真夏の夜の歴史絵。潜水して魚を捕まえる鵜の習性を利用した伝統漁法で、「古事記」などにも登場している。毎年6月1日から9月10日まで、三次市の馬洗川で行われる。

◯**三次市の施設**

三次市歴史民俗資料館（稲生物怪録関連書籍など／三次町）

辻村寿三郎人形館（三次市歴史民俗資料館内／三次町）

広島県立みよし風土記の丘
（浄楽寺・七ツ塚古墳群など中国地方最大の古墳群／小田幸町）

奥田元宋・小由女美術館
（平面の絵と立体の人形が展示されている／東酒屋町）

三次鵜飼（馬洗川）

広島三次ワイナリー（ワイン醸造／東酒屋町）

道の駅ゆめランド布野（布野町）

平田観光農園（桃・梨・ぶどう・りんごなど／上田町）

君田温泉「森の泉」
（「道の駅 ふぉレスト君田」の一角にある温泉宿泊施設／君田町）

三次人形窯元
（江戸時代より続く県内唯一の人形窯元／十日市南）

江の川カヌー公園さくぎ
（カヌー・カヤックも楽しめる日本最大級のキャンプ場／作木町）

庄原市……酪農も盛んな自然に恵まれた地域

平成17年（2005年）3月31日に、近隣の1市6町が合併し新庄原市となりました。現在、西日本の市町村で最も広い面積で、市北部は豪雪地帯に指定されており、スキー場も複数あります。県境の町で自然環境に恵まれ、美しく輝く「里山共生都市」を目指しています。森林が8割である庄原市では、国政で環境対策として森林環境税を新しくつくりましたから、そういうものをうまく活用して、今後はバイオ発電なども検討していくべきと思います。また、豊かな自然を活かした農業と酪農が盛んで、和牛のブランド「比婆牛」は天皇賞をもらっています。政府は、農林水産物・食品の輸出を推進し2025年に2兆円、2030年に5兆円の輸出目標で努力しています。2012年4500億円の輸出額が2019年9100億円を達成し7年間で2倍以上になりました。

隣接の神石高原町の「神石牛」もブランド牛ですから、協力し合って両ブランドとも海外輸出を含めて販売の拡大をしてほしいものです。

広島県立みよし風土記の丘

◀たたら製鉄の遺跡
古墳時代後期（6世紀後半頃）と推定。庄原市濁川町で昭和61年（1986年）に発掘調査が行われた、戸の丸山製鉄遺跡の製鉄炉を移築

戸の丸山製鉄遺跡（古墳時代後期）の製鉄炉

「たたら製鉄」とは

日本において古代から近世にかけて発展した製鉄法で、炉に空気を送り込むのに使われる鞴《ふいご》が「たたら」と呼ばれていたために付けられた名称。砂鉄や鉄鉱石を原料に炉で木炭を用いて行う高純度鉄の生産方法。既に「古事記」や「日本書紀」にその使用例がある。大量生産ができないため現在ではほとんど生産されていない。

日本史を変えた「たたら製鉄」

たたら製鉄で造られた鋼は鍛造に適した鉄が得られ、古くから日本刀の製作に使用されてきた。武器としての刀の製造方法の発達が日本武士の台頭と深くかかわっている。

庄原市の出身者（一部）や施設など

◯スポーツ選手

谷繁元信（元中日ドラゴンズ選手・同監督）

◯実業家

山口信夫（第17代日本商工会議所会頭、元旭化成会長）
大竹美喜
（がん保険の草分け、アメリカンファミリー生命保険会社日本法人設立）
八谷《やたがい》泰造
（日本触媒創業者、高杉良の経済小説『炎の経営者』の主人公として実名で登場する日本の石油化学工業のパイオニア）
宗国《むねくに》旨英《よしひで》
（ホンダ出身者で初の日本自動車工業会会長に就任）
藤井深造
（戦後の日本の重工業の復興に活躍、三菱重工業初代社長）

◯施設

国営備北丘陵公園
庄原上野公園（日本さくら名所100選）

◯スキー場

道後山高原スキー場
スノーリゾート猫山
県民の森スキー場
りんご今日話国スキー場

◯神楽

比婆荒神神楽（1979年 国の重要無形民俗文化財に指定）
比婆斎庭神楽（1959年 県の無形民俗文化財に指定）

神石高原町……農業、林業が盛んな農林業振興地域

神石高原町は、農林業振興地域で、酪農も盛んです。大正天皇ゆかりの神石牛や、トマト栽培などが盛んです。それと神石高原町森林組合さんたちは森林環境税も追い風となり山の整備や再造林など一生懸命に取り組まれ林業も盛んな地域となっています。また、国の名勝に指定されている全長18キロメートルの峡谷、帝釈峡《たいしゃくきょう》は庄原市・神石高原町にまたがるすばらしい景勝地であり、仙境の里として伝統芸能での観光にも力を入れています。

神石高原：標高500〜700mの高原リゾート地

神石高原町の神楽

●「神石高原の神楽」の舞　『神役』

・曲舞・榊舞（きょくまい・さかきまい）

曲舞は神楽の基本となる舞であり顔見せの舞ともいわれる。榊舞は神楽を始めるにあたり、神楽場・奉仕人・神職・一般観覧者の心身を祓い清める舞。神楽を行う際には必ず最初に舞う。

その他、指紙《さしかみ》舞・茣蓙《ござ》舞・勧請《かんじょう》舞・神迎《かみむかい》舞の舞をあわせて舞うこともある。

・猿田彦（さるたひこ）**の舞**

猿田彦は、三代皇孫《すめみま》、瓊々杵尊《ににぎのみこと》の一行が天孫降臨の際に天の浮き橋に立ち先導をした神様で、その際の様子を舞った「道引きの舞」や、猿田彦の神徳にちなんだ家内安全などの「悪魔祓いの舞」を舞う。この悪魔祓いの際の長刀のさばきは素晴らしく、演じた際の拍手喝采がなりやまない。

●「神石高原の神楽」の舞　『神能』

＊備中神楽の影響を強く受けているため、神能は、出雲神話がもととなっている。

・大社の能（国譲りの能）あらすじ

大国主命《おおくにぬしのみこと》の治めている豊葦原中津国《とよあしはらなかつくに》を天照大神《あまてらすおおみかみ》に捧げなさいと高天原たかまのはらから勅使として両神徑津主命《ふつぬしのみこと》・武甕槌命《たけみかずちのみこと》が天下り「大国主命」と争いになる。その時に元々高天原の勅使であった稲背脛命《いなしはぎのみこと》が仲裁役として現れる。「大国主命」は、子供である事代主命《ことしろぬしのみこと》と相談し、豊葦原中津国を献上することにするが、もう一人の息子である武御名方皇子《たけみなかたのおうじ》は国譲りに反対する。そして両神と合戦し、最後には降参する。「大国主命」は福徳の守護神として出雲大社に、「事代主神」は釣りの守護神として美保神社に、「稲背脛命」は病気の守護神として鷺神社に、「武御名方皇子」は諏訪神社に鎮座所を得させて国譲りが成立する。

途中で「大国主の舞」「稲背脛命の語り」など個性あるキャラクターの舞などもあり、飽きることなく見ることができる。

武御名方皇子と両神との最後の戦いの様子

稲背脛命が両神をせめる様子

・祇園の能（大蛇退治）あらすじ

須佐能男命《すさなおのみこと》は悪行を重ね高天原を追われ、出雲の国簸の川《ひのかわ》を下る時に嘆き悲しんでいる足名槌《あしなづち》・手名槌《てなづち》の老夫婦に会う。何事か様子を聞くと、八人の娘が毎年毎年「八岐の大蛇」に呑み取られ、残る奇稲田姫《くしなだひめ》が一人となったとのこと。そして奇稲田姫も大蛇に捧げることになり大変悲しんでいると。それを聞いた須佐能男命は、いかに憎い大蛇でも私には罪のない者、奇稲田姫を私の妻にもらえるならば姉の仇として退治してやろうと言うので、老夫婦は相談の末、奇稲田姫を嫁にと約束をした。須佐能男命は大蛇を退治するために、酒造りの神である松尾明神《まつのうみょうじん》に依頼して八千石の毒酒をつくらせ、それを大蛇に捧げ酔いつぶれたところを見事に退治した。その時、大蛇の尾から出てきた一振りの剣を命は天叢雲の剣《あまのむらくものつるぎ》と名付け「天照大神」に捧げる。そして、八雲立つ「須賀の社」で奇稲田姫と一緒に暮らしたという。

松尾明神の酒造りでは、手伝いをする神様である室尾明神《むろおみょうじん》との漫才のような掛け合いが面白い。また、最後の大蛇退治での一糸乱れぬ大蛇の姿はすばらしいの一言。

大蛇に毒酒を飲ませる場面

松尾明神と室尾明神の酒造り

「神石高原町観光協会の観光ナビ」より

世羅町……花と果実あふれる6次産業の進んだ町

世羅の地名は、大和王朝が吉備国を征服した際、地方長官に任ぜられた世良彦命の名前からきており、この地に派遣されて統治を行ったことが町の始まりとされています。

四季折々の花を楽しめる地域として年間200万人もの訪問者があり、春のしだれ桜・ソメイヨシノ・八重桜は多くの観光客だけでなく、地元の人にとっての花見スポットとして親しまれています。また、農産物の一大生産地でもあり、梨、ブドウ、トマト、米など生産が盛んで、松きのこの発祥地とも言われています。

観光農園や農作物の販売所が多く、6次産業化の進んだ町として有名です。コンビニエンスストアやスーパー等でも地元産のワイン等が販売されている一方、自然豊かで絶滅危惧種が多く生息しているといわれ、絶滅危惧種のチョウ「ヒョウモンモドキ」の住民の保護活動が行われています。

世羅高原農場……「花めぐり　せらめぐり」４つの花畑

世羅高原農場
世羅町大字別迫1124-11
Tel:0847-24-0014 https://sera.ne.jp/

Flower village 花夢の里
世羅町上津田3-3
Tel:0847-39-1734 https://sera.ne.jp/km/

そらの花畑 世羅高原 花の森
世羅町戸張空口1405
Tel:0847-29-0122 https://sera.ne.jp/hm/

国内では、広島県世羅町と三原市のみ生息するとされる絶滅危惧種のチョウ「ヒョウモンモドキ」

せらふじ園
世羅町安田478番地82
Tel:0847-22-0020 https://sera.ne.jp/sf/

龍華寺《りゅうげじ》（旧甲山町）
鎌倉時代に、紀州高野山領大田荘の政所寺院として栄えた

今高野山と呼ばれ、かつては子院が12院あった巨刹であったという

参考資料

●パンフレット

【尾道】

「Onomichi Official Guide Book」（尾道市）

「SETOUCHI SEAPLANES」（株式会社せとうちSEAPLANES）

「SHIMAP 尾道市・上島町・今治市」（一般社団法人しまなみジャパン）

「日本遺産　村上海賊　公式お守りパンフレット」（村上海賊魅力発信推進協議会）

「おのみち　尾道観光案内地図」

「尾道駅フロアガイド」

「尾道観光案内　因島」

「尾道観光案内　瀬戸田」

【三原】

「しまのわ文庫　みはらうた4」（しまのわ文庫実行委員会）

「ミハラッセ　№49」（三原市・世羅町広域交流連携協議会）

「#きてみて三原」（三原市経済部観光課）

「三原ってこんなとこ！！！」（（一社）三原観光協会）

【神石高原】

「それぞれの備後旅を発見するガイドマップ」（備後圏域連携協議会）

「それぞれの備後旅を発見するガイドコミック」（備後圏域連携協議会）

「観光案内之読本　神石高原町観光ガイド」（神石高原町観光協会　神石高原町森のこみち推進協議会）

【世羅】

「Sera gourmet guide 世羅ごちそうガイド」（せらマルシェ実行委員会　世羅高原6次産業推進協議会）

「広島県　世羅高原農場　季節の花旅ガイド」（農事組合法人　世羅高原農場）

【府中】

「広島県府中市アンテナショップ NEKI」（府中商工会議所）

「広島県府中市　府中焼きMAP」（府中商工会議所）

「徒歩散策マップ　上下」（広島県府中市　府中市観光協会）

「ふちゅうし」（府中市観光協会）

【三次】

「のんびり ほっこり 三次めぐり 三次を楽しもう！」（三次市地域振興部観光スポーツ交流課）

「ダイジェスト版 のんびり ほっこり 三次めぐり 三次を楽しもう！」（三次市地域振興部観光スポーツ交流課）

「平田観光農園」（（有）平田観光農園）

「いのうもののけ　三次の妖怪ものがたり」（三次市観光キャンペーン実行委員会）

「ひろしま　備北のかがやき　vol.25」（（一社）みよし観光まちづくり機構）
「歴史と文化が薫るまち　みよし」（三次地区自治会連合会）
「三次の鵜飼」（（一社）三次市観光協会）
「辻村寿三郎　人形館」
「MIRASAKA FROMAGE」（三良坂フロマージュ）
「トレッタみよし」（三次市農業交流連携拠点施設「トレッタみよし」）
「湯本豪一記念　日本妖怪博物館（三次もののけミュージアム）」※シール
「広島　三次ワイナリー」
「三次ワイナリーが誇る日本ワイン　TOMOE」広島三次ワイナリー
「観光ガイドマップ」
「MIYOSHI TO KURASO 2021」広島県三次市 経営企画部企画調整課

【庄原】

「SHOUBARA OKOME PRIDE」（庄原市ブランド米推進協議会）
「神話の舞台を巡る旅　山たび」（比婆道後帝釈国定公園連携事業実行委員会）
「備北の酒造ガイドブック　備酒　おちょこめぐり」（備北観光ネットワーク協会）
「神々の棲む里　田森」（田森自治振興センター）

●ホームページ

広島観光連盟 https://www.hiroshima-kankou.com/
三原市 https://www.city.mihara.hiroshima.jp/
三原観光協会 https://www.mihara-kankou.com/
尾道市 https://www.city.onomichi.hiroshima.jp/
尾道市観光協会 https://www.ononavi.jp/
三次市 https://www.city.miyoshi.hiroshima.jp/
三次市観光協会 https://miyoshi-kankou.jp/
庄原市 http://www.city.shobara.hiroshima.jp/
庄原市観光協会 https://www.shobara-info.com/
府中市 https://www.city.fuchu.hiroshima.jp/
府中市観光協会 https://fuchu-kanko.jp/
世羅町 https://www.town.sera.hiroshima.jp
世羅町観光 https://seranan.jp/
神石高原町 http://www.jinsekigun.jp/
神石高原町観光協会 https://www.jkougen.jp/kankou/

あとがき

思いおこせば、広島県議会議員時代には、地域の課題や将来の発展を目指しさまざまな取り組みをしてきました。幸い良き時代でした。私が選挙で公約したことはほとんど実現することができました。しかし今は以前とはまったく環境が変化し対応の難しい時代になったと感じています。地方財源も乏しく昔のように思い切った施策が難しくなったのも事実です。限られた財源をもとに「選択と集中」を強いられ、施策項目も限られてきたように思います。

国政に転じて、さまざまな会議に出席し、とにかく経済の回復をはかることとともに、長寿社会への対応（人生100年時代の到来）。そして日本の人口は出生率1・44で推移すると50年後には約8000万人となる見込みと言われています。人口を維持するためにどのような方策を打つかという問題に取り組んでいます。

また、外交・防衛・教育そして税制は国家の基本と言いますが、日本を取りまく環境は、中国の一方的な軍備の拡大や台湾の軍事的統一の危険性は高まりつつあり、北朝鮮の核保有・拉致問題に加え、ロシアは一向に北方領土を返すどころか軍事基地化を進めており、地球上で極東地域は不安定な状況となっています。ますます外交と防衛の重要性が高まっています。常に即応体制を整えておかなければなりません。

私の歩んで来た道を駆け足でたどってみました。そしてこれから取り組む思いも若干記してみました。まだまだ遠い道のりであっても生涯取り組む決意です。

歩んだ道のりを記しただけのようになりましたが、どうぞ笑ってお読みいただければ幸甚に存じます。

最後にこの本の出版編纂に際し御協力をいただきました株式会社三冬社代表取締役佐藤公彦氏そして小島敏文事務所の東京と地元事務所のスタッフに厚くお礼申し上げます。

令和3年7月吉日　小島敏文

プロフィールと略歴

小島敏文

昭和25（1950）年9月7日生まれ。

O型 乙女座、明るく夢を語る今でも青年。

広島県立世羅高等学校、大東文化大学経済学部経営学科卒業。

○中山正暉、宮澤喜一衆議院議員の秘書を経て昭和58（1983）年広島県議会議員初当選。以後、連続7期当選。

○平成24（2012）年12月、国政に2度目の挑戦で、多くの皆様からご支援を頂き比例中国ブロックで当選。

○平成26（2014）年12月比例中国ブロックで再選。

○平成29（2017）年10月比例中国ブロックで再選3期目。

〈略　歴〉

昭和48年	中山正暉衆議院議員秘書
昭和55年	宮澤喜一衆議院議員秘書
昭和58年	広島県議会議員初当選（以降7期連続当選）
平成元年	広島県議会総務委員会委員長
平成3年	アジア競技大会対策特別委員会委員長
平成4年	アジア競技大会・国体対策特別委員会委員長
平成5年	自民党広島県議会議員団総務会長
平成7年	広島県議会議会運営委員会委員長
平成8年	広島県監査委員
平成9年	自民党広島県議会議員団政調会長
平成10年	自民党広島県議会議員団幹事長
平成11年	広島県議会建設委員会　委員長
平成12年	自民党広島県議会議員団　副会長
平成13年	広島県議会新自治推進特別委員会　委員長
平成14年	広島県議会　副議長

現在…衆議院議員
自由民主党　広島県第六選挙区支部長
家族…妻・娘
趣味…映画鑑賞・読書・スポーツ観戦
座右の銘…気概と公正

毎週末は地元に帰り選挙区内を駆け回り、地元要望を聞き国に持ち帰りその実現に向け努力を重ねる。

また、どんなに忙しくても、家族と食卓を囲む、アットホームなふだん着の政治を実践中。

平成15年	広島社会福祉審議会　委員
平成16年	財団法人広島教育事業団　理事
平成17～19年	広島総合計画審議会　委員
平成24年	☆第46回衆議院議員選挙 当選（1期目）
平成25年	【国会・衆議院】 財務金融委員会 委員 法務委員会 委員 消費者問題に関する特別委員会 委員
平成26年	☆第47回衆議院議員選挙 当選（2期目）
平成27年	【国会・衆議院】 国土交通委員会 理事 消費者問題に関する特別委員会 委員 北朝鮮による拉致問題等に関する特別委員会 委員 憲法審査会 委員
平成28年	【国会・衆議院】 国土交通委員会 委員 環境委員会 委員 消費者問題に関する特別委員会 委員 経済産業部会長代理
平成29年	☆第48回衆議院議員選挙 当選（3期目）

平成29年	【国会・衆議院】 農林水産委員会 理事 政治倫理の確立及び公職選挙法改正に関する特別委員会　委員 消費者問題に関する特別委員会 委員 自民党農林部会　部会長代理
平成30年	【国会・衆議院】 農林水産委員会　理事 国土交通委員会　委員 政治倫理の確立及び公職選挙法改正に関する特別委員会　委員 消費者問題特別委員会　委員 自民党副幹事長
令和元年	【国会・衆議院】 厚生労働大臣政務官 厚生労働委員会　委員
令和2年	【国会・衆議院】 厚生労働委員会　委員 環境委員会　委員 政治倫理の確立及び公職選挙法改正に関する特別委員会　委員 自民党厚生労働部会長代理 自民党厚生関係団体委員長

〈著　書〉

地域新生のフロンティア
～元気な定住地域確立への道～

持田 紀治（編纂） 小島 敏文（編纂）

市町村の広域合併が進む中、中山間地域問題に取り組んできた人々による中山間地域を対象にした共同研究である。交流・共生による地域資源利用ビジネス等の可能性を考察し、発展への手立てを提言する。

単行本：３７０ページ

出版社：大学教育出版（２００５／08）２９４０円

みどり資源活用のフロンティア
～中山間地域新生への考察と実践方策の提言～

持田 紀治（編纂） 小島 敏文（編纂）

農林業をはじめ地場産業が伸び悩む中で、農山村は経済活力と地域魅力を失いつつあり、地域社会の萎縮化・農林業共倒れの危機に直面している。このような状況を克服する方策を、多角的な視点から検証する。

単行本：４１６ページ

出版社：大学教育出版（２００７／07）３３６０円

飯より政治が好き －政治は国民のもの－

令和３年８月10日　初版印刷
令和３年８月25日　初版発行

著　者：小島 敏文
発行者：佐藤 公彦
発行所：株式会社 三冬社
〒104-0028
東京都中央区八重洲2-11-2 城辺橋ビル
TEL 03-3231-7739　FAX 03-3231-7735

印刷・製本／中央精版印刷株式会社

◎落丁・乱丁本は弊社または書店にてお取り替えいたします。
◎定価はカバーに表示してあります。

ISBN978-4-86563-073-2